숭실대학교 동아시아언어문화연구소

식민지시기 일본어 조선설화집 번역총서 2

조선이야기집과 속담

朝鮮の物語集附俚諺

저자 다카하시 도루

역자 이시준·김광식·조은애·김영주

박문사

식민지시기 일본어 조선설화집 번역총서
간행사

· · ·

국민국가 체제가 성립되면서 민간설화의 중요성이 재인식되어, 일제는 조선설화에서 조선민족의 심성과 민족성의 원형을 찾을 수 있다고 판단하고, 1908년 이후 50여 종 이상의 조선설화를 포함한 제국일본 설화집을 발간했다.

이러한 일본어조선설화집은 전근대 및 해방 후 설화집과의 관련성 및 영향관계 연구에서 문학, 역사학, 사회학, 민속학 분야의 중요한 자료임에도 불구하고 근대 초기의 자료인 만큼, 현대 일본어와 달리 고어를 포함한 난해한 문체 등의 언어적 한계로 인해 학술자료로 널리 활용되지 못하는 데 아쉬움이 있었다. 대부분의 연구는 각 논문의 주제와 관련된 텍스트를 중심으로 설화를 단편적으로 다루는 데 그치고 있는 실정이다.

일본어조선설화집의 번역을 통한 총서간행의 의의는 다음과 같다.

첫째, 이미 작업을 시작한 숭실대학교 동아시아언어문화연구소의 〈식민지시기 일본어 조선설화집자료총서〉와 더불어 학계에 새로운 연구자료를 제공한다.

둘째, 일본어 조선설화집이 간행된 시대적 배경과 일선동조론과의 정치적 문맥을 실증화 함으로써 조선설화가 근대시기에 어떻게 텍스트화되어 활용되었는지를 명확히 할 수 있을 것이다.

셋째, 식민지 실상에 대한 객관적인 조명은 물론이고, 해방 후의 한국설화와의 영향관계 파악을 통해 오늘날 한국설화의 형성과정을 되돌아보고 그 영향 및 극복을 규명하는 단초를 제공할 것으로 기대한다. 이는 일본관련 연구자에게 뿐만 아니라 인문사회과학 제분야의 연구 활성화에 기여할 것으로 판단된다.

넷째, 해방 후 한국설화의 비교연구는 식민지의 상황에 대한 구체적인 검증 없이 한일 비교연구가 행해진 것이 사실이다. 한일설화가 밀접한 관련성을 지니고 있고 동아시아적 관점에서 비교연구의 필요성이 절실한 현실임을 인정하지만, 식민지기 상황에서 어떤 논의가 있었고, 그 내용 및 성격에 대한 공과를 명확히 하는 작업이 선결되어야 한다고 판단된다. 식민지시기의 실상 파악과 한국설화의 근대적 변용과 활용에 대한 총체적 규명을 통해 한일문화의 근원에 존재하는 설화를 통한 문화 이해의 기반을 마련해야 할 것이다. 일선동조론에 입각한 왜곡된 조선설화 연구가 아닌, 동아시아 설화의 상상력과 공감대를 형성하는 한국설화의 저변확대를 통한 교류야말로 진정한 미래지향적인 한일관계, 나아가 21세기 동아시아 평화공동체 구축을 위한 상호이해 기반을 제공하는 초석이 될 것으로 기대하는 바이다.

숭실대학교 동아시아언어문화연구소

소장 이 시 준

1. 이 책은 1910년 닛칸쇼보日韓書房에서 발행한 다카하시 도루高橋亨의『조선이야기집과 속담朝鮮の物語集附俚諺』의 번역서로, 2012년 숭실대학교 동아시아언어문화연구소 식민지기 일본어 조선설화집자료총서 2권(제이앤씨)으로 영인된 바 있다. 속담은 이미 번역본이 나와 있어, 이야기 부분만을 번역하였다.

2. 설화집과 저자에 대해서는 식민지시기 일본어 조선설화집자료총서『조선이야기집과 속담朝鮮の物語集附俚諺』(제이앤씨, 2012)의 해제를 참조할 수 있다.

3. 이해를 돕기 위해 필요에 따라 한자를 본문 옆에 작은 글씨로 병기하였으며, 원문과 역어가 다른 경우에는 괄호 안에 원문을 표기하였다. 일본식 약자는 정자로 바꾸었다.

4. 일본어의 한글표기는 국립국어연구원의 한글맞춤법에 의거한 외래어 표기법을 따랐다.

5. 보충설명이 필요한 내용에는 역자가 각주를 달았다.

완역 조선이야기집과 속담

추천인 서문

    한국의 현장을 조사하고 일본의 중고사와 비교하기 위해 작년 겨울, 한국으로 출장을 갔을 때 많은 사람을 만나고 다양한 일들을 보고 들었는데, 이 나라의 민간에 전해져 내려오는 설화와 속담(俚諺)에 대해서는 문학사 다카하시 도루高橋亨 군에게 많은 도움을 받았다.

    다카하시 군은 일본의 도쿄제국대학 문과대학 한학과漢學科 출신으로 오랫동안 한국의 경성에 머물며 그곳의 고등학교 학감으로 많은 한국인 제자를 교육하였으며, 한국어에 정통하고 그 나라 사정에 밝았다. 그가 관리하고 있는 학교의 제자들은 여러 지역에서 와서 배우고 있기 때문에 각 지역의 속화俗話, 속담을 조사하는 것이 편리했으며 이를 통해 다년간 자료를 찾아 수집한 것이 바로 이 편저인 것이다.

    일본과 한국은 본래 같은 나라로 오래된 전설 중에는 같은 유형이 많았지만, 징치와 종교가 분리되고 시간이 흐르면서 국민성의 차이를 엿볼 수 있는 방향으로 변화되었다. 가령 이 책의 내용에서 한두 가지 예를 들면,

도깨비(鬼)에게 혹을 떼인 이야기 같은 것은 거의 우지습유이야기宇治拾遺物語의 전설과 동일하지만, 우의羽衣전설 같은 것은 우리와 그들의 국민성이 다르다는 사실을 알게 해 준다. 즉, 우리는 이것을 바닷가에서 일어난 일로 하는 것에 비해 그들은 산간에서 일어난 일로 하고 있고, 그들은 승천한 천녀를 쫓아 구름 위로 올라가려 하지만 우리는 그러한 집착이 없고 담백하니 여기서 국민성의 차이를 확인할 수 있는 것이다.

한국은 대륙과 연접해 이로움과 해악을 모두 지나支那*로부터 영향을 받았는데, 그중에 과거제도와 같은 가장 큰 폐습弊習도 남아 있다. 일본에도 과거科擧와 같은 제도가 중고中古시대에는 있었지만 일찍이 폐지된 데 비해, 한국에서는 근년까지 행해졌다. 선비들은 모두 과거에 급제하여 고관에 올라, 미인을 얻어 배우자로 삼고 복되고 영화로운 삶을 사는 것을 유일한 이상理想으로 삼았다. 그래서 그것과 관련된 속화俗話는 수없이 많고, 이 책에 실려 있는 춘향전과 같은 이야기는 이러한 의미를 가장 잘 반영하고 있다. 한편 춘향전이 거의 중국 소설을 읽는 듯한 느낌을 주는 것은 한국이 일본과 비슷한 동시에 중국과도 비슷하다는 점을 방증한다. 이런 양국의 영향 이외에 한국의 진면목은 과연 무엇인가에 대한 조사는 흥미롭다고 할 수 있으며, 속담에 대한 조사도 이와 마찬가지이다.

본서는 이러한 속전俗傳과 속담을 채집하는 것뿐만 아니라, 또한 내용을 이해하기 어려운 것에는 해설을 달고 비평을 첨가하여 독자들이 민정民情을 알고 국속國俗을 이해하기에 편리하게 하였다. 책 속에 삽입된 상류, 중류, 하류의 백성들의 가옥을 그린 삽화와 같은 것은 다카하시 군이 나의

---

* 중국을 말함.

부탁을 받아들여 특별히 조사해 준 것이다. 대체로 이러한 작업은 다카하시 군과 같이 한국어에 정통하고, 그 국정을 잘 알고 있는 사람만이 할 수 있다.

이리하여 나는 본서를 통해 역사상 일본과 한국 고금의 비교를 편리하게 할 수 있게 된 것에 감사할 뿐만 아니라, 더 널리 일반 문학에 종사하는 인사들에게 추천하고, 여러 방면에서 일본과 한국의 문명과 야만의 차이점을 비교하기 위한 재료가 되기 위해서는 반드시 많은 탐구가 따라야 할 것이라 믿는다. 그저 한 권의 이야기책으로서 오락적인 독본으로 삼아서는 안 될 것이다.

명치明治 43년 8월

하기노 요시유키萩野由之 씀

필자 서문

압록강, 두만강 두 강의 근원은 장백산 정상의 영호靈湖에서 시작되어 계곡을 굽이쳐 흘러 동서로 나뉘어 흐른다고 한다. 하천의 바닥이 급경사를 이룬 곳에 도달하면 갑자기 하강하여 격류를 이루고 소용돌이치며 둥근 원을 이루기를 수없이 반복하는데, 어떤 곳은 얕고 어떤 곳은 깊으며, 어떤 곳은 좁고 어떤 곳은 넓다. 듣기로는 일찍이 어떤 사람이 그중의 한 물웅덩이를 준설浚渫하다 보니 주먹만한 크기의 찬란한 금덩어리가 나타났다고 한다. 분명 장백산은 동아시아의 대금산大金山으로서 숲과 골짜기가 깊고 금의 기운이 성하다. 그러므로 압록강과 두만강의 물살이 화살과 같이 흐르는 중에, 두 강가 강바닥의 금을 품어 물살의 속력이 떨어져 웅덩이를 이루게 되면, 물살이 정지하여 소용돌이쳐 품고 있던 금을 토해낸다. 금과 금이 서로 끌어당기고 서로 합쳐져 어느새 단괴가 되어 침전된 것이다.

나는 다양한 민족이 구성하는 사회가 끊임없이 발달하여 대규모 생활을 영위해 나가는 중에, 때로 그 특색과 정신이 침전되는 것은 마치 장백산의 금기金氣가 압록, 두만의 격류의 바닥에서 금괴가 되는 것과 같은 것임을 믿는다. 만약 내가 이 사회생활에서 세련된 침전물을 파헤쳐 낼 수 있다면, 그것은 즉 그 사회생활의 정신의 정수를 얻는 것과 같다. 다시 말해 그 나라의 문학과 미술은 몇 백 년, 몇 천 년 동안 단속적으로 출현한 천재들에 의해 가장 고차원적인 감정으로 정화되고 구상화된 사회정신과 사회이상을 전하고 있다. 역사 전기傳記가 과거를 이야기함으로써 그 안에 숨겨져 있는 시대정신과 이상理想의 음향音響을 들려주며, 그 외 오래된 습관이나 기호嗜好는 각각 그 시대마다의 중요한 의미를 가르치는 등, 모두 그 안에 사회생활의 흐름이 소용돌이가 되어 생긴 침전물을 포함하고 있는 것이다. 그 이야기(物語) 및 속담의 연구가 사회학적 가치가 있음은 실로 이러한 연유에 의한 것이다. 생각건대 속담은 사회적 상식의 결정체로서 언젠가 어떤 사람이 만들어 내고 많은 사람이 이를 수용하여 결국에는 사회에서 성행하게 되었고, 그중의 어떤 것이 오늘날까지 사용되어 천만 무량의 의미를 일구반어一句半語에 담아내고 있다. 이야기(物語)는 사회생활의 정수를 압축한 그림으로 어떤 것은 매우 오래된 상대上代에, 어떤 것은 시대가 흘러 중세 혹은 가까운 과거의 사람에 의해 만들어져, 사회적 관심을 불러일으키며 사람들의 입에서 입으로 전해져 오랫동안 전승되어 온 것이다.

사회를 그저 있는 그대로 보고 간과한다면 한 장의 사진을 보는 것과 같이 어떠한 의의도 찾아내지 못할 것이다. 사회를 관찰하는 자는 있는 그대로의 생활 속에서 움직이지 않는 풍속습관의 특색이 있다는 사실을 인식하지 않으면 안 된다. 풍속습관을 규명하는 것은 불충분하다. 더 나아가 이 풍속습관을 관통하는 정신을 파악하여, 그 정신을 그 사회를 통제하는 이상에 귀결시켜야만 비로소 사회 연구의 역할을 다한 것이라 할 수 있다. 이 사회 정신과 이상을 명확하게 규명하는 것은 커다란 그물을 설치하는 것과 같아, 위정자나 사회정책자의 경영시설에 큰 도움을 줄 수 있다. 왜냐하면 바로 민중의 마음을 파악하여 어떻게 가르치고 기를 것인지 그 방법을 얻을 수 있게 하기 때문이다.

나는 작년부터 위와 같은 목적으로 조선의 이야기와 속담을 수집하고 모아 이 책을 집필하였다. 그러나 아직 조선사회의 정신과 이상의 진의에는 도달하지 못하고 있다. 더욱 각 방면으로 연구를 넓혀 정사, 야사, 법률, 문학 및 현재 생활 상태 등도 규명하여 점차 목표에 이르고자 한다. 그러나 본서 안에도 마치 금룡金龍의 비늘갑옷이 검은 구름 속에서 번뜩이는 것과 같이, 이미 이 사회의 진상眞相을 은밀하게 드러낸 부분이 있음을 분명 독자도 수긍할 것이다.

만약 그것이 조선의 이야기와 우리나라의 이야기 및 지나의 이야기 사이에 서로 통하는 기맥氣脈을 탐구해야 할 부분이 있다면, 또한 속담에 있어서도 표현은 다르지만 같은 뜻인 경우가 있음을 안다면, 우리들은 더 나아가 일한 풍속 및 기호의 비교를 행해야 한다는 사실에 독자들도 암묵적으로 동의할 것으로 생각된다.

경술 장마 때
경성에서 저자 씀

조선의 이야기집 목차*

1. 혹부리 영감瘤取り ·· 15

2. 성황당城隍堂 ··· 19

3. 가난한 군수가 돈을 얻다貧郡守得錢 ····················· 25

4. 거짓말 겨루기噓較 ·· 33

5. 풍수선생風水先生 ··· 39

6. 사시에 관을 내려 오시에 발복하다巳時下棺午時發福 ·············· 53

7. 대구를 지어 죽다 살아나다得對句半死 ·················· 57

8. 말하는 남생이解語龜 ··· 63

9. 도깨비가 금은 방망이를 잃어버리다鬼失金銀棒 ········· 69

10. 가짜 명인贋名人 ·· 73

11. 흥부전興夫傳 ·· 81

12. 음란한 스님이 생두 네 되를 먹다淫僧食生豆四升 ············ 87

13. 반쪽이片身奴 ·· 93

14. 무법자無法者 ··101

15. 눈뜬 자가 맹인을 속이다明者欺盲者 ····················109

16. 맹인이 요마를 쫓아내다盲者逐妖魔 ······················113

* 원문에는 '조선 이야기집 및 속담 목차'라고 되어 있지만 본서에서는 속담을 번역하지 않았기에 '조선이야기집 목차'로 하였음. 또한 원문에는 각 제목 앞에 각각 '一'을 붙여 구분하고 있지만 본서에서는 편의상 1, 2, 3 아라비아 숫자로 일련번호를 붙였음.

17. 기생열녀妓生烈女 ································123

18. 버짐병 아이가 비를 맞추다癬疥病童知雨 ·······133

19. 쌍둥이가 열 번 나오다双童十度 ·············137

20. 한국풍 마쓰산 거울韓樣松山鏡 ············143

21. 선녀의 날개옷仙女の羽衣 ···················147

22. 부귀유명富貴有命, 영달유운榮達有運 ·······155

23. 사람과 호랑이와의 싸움人虎の争い ··········169

24. 신호神虎 ·····································175

25. 장화홍련전長花紅蓮傳 ·····················179

26. 재생연再生緣 ·······························197

27. 춘향전春香傳 ······························217

28. 독부毒婦 ·····································237

14

1. 혹부리 영감瘤取り

옛날 옛날에 어느 시골에 무척 커다란 혹⁽一⁾을 볼에 달고 다니는 노인이 있었다. 물론 그 무렵의 일인지라 이것을 떼어낼 의술도 없어, 수십 년 동안 그저 흔들흔들 거추장스럽게 달고 다니니 여간 곤혹스러운 일이 아니었다. 어느 날 그 노인이 산에 땔나무를 하러 갔다. 그런데 해가 지는 것도 몰라 여태 집에 돌아가지 못했는데, 완전히 해가 저물고 달빛도 흐릿하여 길을 찾아가려 해도 예의 조선朝鮮 제일의 악도惡道⁽一⁾가 마음에 걸렸기 때문에 에잇 될 대로 되라고 하고, 길옆 외딴 폐가에 땔나무를 내려놓고 오늘 밤은 여기서 자야겠다고 마음먹었다. 저 멀리 바라보니 이곳은 마을과 동떨어진 외딴집으로, 점차 밤이 깊어감에 따라 노인은 어쩐지 황량하고 적막하여 견딜 수 없어 잠을 이룰 수 없었다. 노인은 차라리 일어나서 밤을 보내려는 생각으로, 평소 뽐내던 목청을 한껏 올려 흥겨운 노래들을 부르니 실로 들보 위의 먼지도 들썩들썩할 정도였다.

이렇게 인적이 드문 곳에는 반드시 여러 요괴妖怪⁽一⁾들이 살고 있는 법이리라. 밤이 되어 모든 요괴들이 왕성히 활동하기 시작해 빈번히 오고 갔다. 마침 그곳을 지나던 요괴들이 이 노인의 노래에 놀라서 순식간에 앞을 다투어 폐가로 몰려들었고, 그 노래실력이 너무도 훌륭하여 모두 황홀하게 노래를 들었다.

노인은 어느새 이종異種 이형異形의 요괴들이 나타나 딱히 해치려고 하진 않고, 자신을 에워싸서 죽 앉아 있는 데에 매우 깜짝 놀랐다. 그렇지만 이런 곳은 요괴가 산다 해도 당연하다 할 만했기에, 노인은 도망치려는 생각도 숨으려는 생각도 하지 않았다. 오히려 약한 기색을 보여서는 안 된다는 생각에 더욱 소리 높여 즐거운 노래들을 불러댔다. 이것이 너무도 훌륭하여 모든 요괴가 조용히 숨죽였고, 감정에 벅찬 모습이었다.

이렇게 노래를 하는 중에 날이 새고 이윽고 동이 틀 무렵이 되자 노인은 안심했지만, 요괴들은 오늘 밤이 무척 짧았다고 불평하면서 각자 돌아가려고 했다. 과연 그때 가장 우두머리로 보이는 요괴가 요상한 애교를 부리며

"노인이여, 그대는 어떻게 그리도 아름다운 목소리를 낼 수 있는 것인가?"

하고 물었다. 노인은 이미 대범해져서

"그렇습니다. 대왕님이 보시는 대로 저는 여기에 커다란 혹을 가지고 있습니다만, 이것이야말로 제가 목소리를 모아두는 곳입니다."

라고 답했다. 그러자 요괴가,

"어찌됐든 그 혹을 내게 팔아라."

라고 말하고, 온갖 보물들을 가지고 와서 교환했다.

요괴들은 날이 밝았기 때문에 들녘 이슬과 함께 흔적도 없이 사라졌다. 노인은

'지난밤엔 감쪽같이 속였겠다, 수년간의 몹쓸 병은 나았고, 난병難病 중의 난병인 가난 병까지도 나았네그려!'

하고 혼자 싱글거리며 땔감이고 뭐고 다 내던져 버리고, 서둘러 자기 집으

로 돌아갔다.

그런데 이 노인처럼 볼에 혹을 가진 한 사람이 그 마을에 살고 있었다. 하루 만에 노인의 혹이 없어진 것을 알고, 기이하게 여겨 그 연유를 알아보았다. 그는

'그렇다면 나도 그 요괴들을 속여야지.'

라고 마음먹고 어느 날 밤 그 들판의 외딴집에 갔는데, 이 또한 서투르지 않은 특기인 노래를 부르면서 요괴가 오길 목 빠지게 기다리고 있었다. 별안간 요괴들이 이 소리를 듣고 나타나

"오늘 밤도 간밤의 거짓말쟁이 영감이 와 있다."

라고 하며 서로를 불러내서 그곳에 모였다. 요괴들은 노인에게 여러 노래들을 주문해서 부르게 하고 마지막에,

"어찌 그렇게 흥겹게 노래를 부를 수 있는가?"

하고 물었다. 그러자 노인이 기다렸다는 듯이 진지한 얼굴로,

"보시는 대로 이 커다란 혹에서 나옵니다."

라고 말하니, 요괴 대장이 껄껄 소리 높여 웃었다.

"그래, 이 거짓말쟁이 영감탱이야. 나는 지난번에 어떤 자에게 속아 큰 돈을 내고 혹을 사들였다. 헌데 이것을 볼에 붙이고 노래를 불러 보아도 아름다운 소리는커녕 오히려 소리를 내기 어렵게 되어 버렸다. 이제 이 혹은 내게 필요치 않다. 이것이 목소리가 나오는 곳이라면, 이 김에 이것도 네게 주마."

라고 말하며 원래 혹 옆에 또 하나를 붙여 주고서는

"인간의 어리석음을 보라!"

하고, 요괴 일동이 소리 높여 요란하게 웃으면서 나갔다고 한다.

(一) 혹…… 한인韓人 중 혹을 가진 자들이 많다. 예로부터 한인 사이에서는 이것은 복이라고 전해 오는데, 이 혹 떼기 이야기에서 유래되었는지 아닌지는 정확하지 않다.

(二) 조선朝鮮의 악도惡道……압록강鴨綠江을 넘어 만주滿洲로 들어가면 도로라는 것이 정해져 있지 않고, 일망만리一望萬里 어디든지 행인이 마음대로 흔적을 남기며 걸어 다니거나 말을 타고 돌아다닌다. 그러나 조선은 그보다 조금은 도로다운 도로가 있어서, 자연히 한 줄기 행인의 행렬을 이룬다. 그래도 딱히 도로에 대한 수선修善 및 감독·관리 등이 없기 때문에 길이 위 아래로 울퉁불퉁한 자연 그대로이고, 자갈더미가 겹겹이 쌓여 있고 물은 흐르지 않고 고여 있다. 시가지 밖으로 한 발 나가면 도저히 밤길에는 다닐 수 없다. 심한 경우에는 어느 날 아침 장마라도 오면 교량橋梁도 없고, 제방도 없어서 사람이나 말, 뭐라고 할 것 없이 모두 깡충깡충 뛰어넘어서 곳곳의 계류溪流와 작은 도랑을 지나갈 수밖에 없다.

(三) 요괴妖怪……조선에서는 요괴를 '도깨비(トツケビ)'라고 부르고 귀신鬼神과 요마妖魔는 모두 이 속에 포함된다. '도깨비'는 어디나 무엇에나 없는 곳이 없다. 가령 노목老木에는 노목의 '도깨비'가 있고, 주방에는 주방의 신이 있다. 그리고 질병에는 질병의 신이 있다. 그 밖에 산악강천山岳江川 '도깨비'가 없는 곳이 없다. '도깨비'는 화복禍福의 권한을 갖고 있고, 사람을 현혹하는 술수를 부린다. 우부愚夫, 우부愚婦의 이에 대한 존경은 이루 말할 수가 없다.

2. 성황당城隍堂

옛날 주周의 태공망太公望[1] 여상呂尙은 그 나이 160세였는데, 80년 동안 궁핍하고 80년 동안 부유하고 고귀했다고 한다. 그런데 그 노처老妻가 너무도 긴 곤궁함을 견디다 못해 스스로 부부의 연을 끊고 집을 나갔다. 후에 태공太公이 대단한 부귀를 누리자 처가 다시금 나타나 아내로 삼아달라고 애원하니, 태공이 그릇의 물을 뜰에 버리고서

"이것 보시오. 쏟아진 물은 두 번 다시 그릇에 돌아오지 않소."

라고 나무랐다.

"당신같이 경박한 여자와는 영원히 이별이오."

하고 침을 뱉었다. 그녀는 분노와 수치를 느끼고 집으로 돌아가 바로 죽었고, 결국 죽어서 귀신이 되었다. 조선도 이것을 받들어 모시어 성황당城隍堂[2]이라고 부른다. 마을 입구 길가 옆 숲에 자그마한 사당祠堂이 도읍 마을 곳곳에 보이는데, 이것이 바로 성황당이다. 성황당은 그곳을 오가는 사람

---

1 (?~?) 주周나라 초기의 정치가이자 공신. 무왕을 도와 은나라를 멸망시켜 천하를 평정하였으며 제齊나라 시조가 됨. 본명은 강상姜尙, 별칭으로 강태공, 여상呂尙으로 불림.
2 서낭당의 원말로, 마을을 지키는 혼령魂靈을 모신 집.

의 죄를 사하여 준다고 하여, 여기에 침을 뱉고 작은 돌 하나를 던져 주는 풍습이 있다. 대체로 소원 중, 특히 남녀 간의 소원은 성심誠心을 기울이면 감응感應이 있다고도 한다.

옛날 옛날에 부모형제가 없고, 처와 자식도 없는 천하의 부랑자가 한 명 있었다. 그 나이 벌써 서른을 넘겼지만, 누가 있어서 자기 처가 되어 부족한 자신을 돌봐 주겠다고 말하는 이도 없었다. 그는 총각總角(一)머리를 쓸데없이 길게 늘어뜨리고 있었고, "총각(チョンガ), 총각" 하고 반말로 불려서 '이게 무슨 인과因果 인가' 하고 탄식하고 있었다. 이 자는 천성이 장기將棋를 좋아하여, 언제나 털털 무일푼이었지만 장기판과 말만은 품에서 떼 놓지 않았다. 어느 날 늘 그렇듯 장기를 어깨에 메고, 뜬 구름처럼 정처 없이 방황하다가 우연히 성황당 앞을 지났다. 문득 그가 마음이 동했는지, 그곳에 앉아서 담배를 피우며 "자." 하고 장기판을 꺼내서 당堂을 향해,

"성황당 님, 장기 한 판 대결해 봅시다."

라고 말하고, 다시 혼자서 "응."이라고 답했다.

"그러면 이쪽이 성황당 님, 이쪽이 나. 헌데 성황당 님, 그냥 장기를 두면 재미없으니 한 번 내기해 봅시다. 내가 지면 성황당께 술 한 병과 명태明太 한 마리를 올리지요. 만약 성황당께서 지신다면 제게 고운 마누라 한 명 점지해 주시오."

라고 말하고, 다시 자기가 성황당 대신 "응."이라고 답했다. 장기를 두니 처음 한 판은 그가 졌다. 그는,

"그렇다면 내기 값을 치르지요."

라고 말한 뒤 마을로 나가 무슨 수를 썼는지 술과 명태를 마련해 왔다. 그리고

“자, 성황당 님, 제가 졌으니 이걸 내기 값으로 올립니다.”

라고 말하고, 자기가 “응.”이라고 대답하고 자작自酌하여 술 한 병을 다 마셨다. 다시 한 판 더 장기를 두니 이번에는 보기 좋게 성황당이 졌다. 그는

“자, 성황당께서 지셨으니 제게 반드시 고운 처를 점지해 주십시오.”

라고 하며 웃으면서 장기를 정리해서 나섰는데, 벌써 해가 기울어 석양이 산 중턱을 넘어가려 하고 있었다.

그가 한껏 기운 좋은 발걸음으로 마을로 내려가니, 길옆에 품행이 방정한 부인 한 명이 우물물을 다 긷고 머리에 물병을 인 채 천천히 걸어가려고 했다. 그런데 그가 오는 것을 보고 부인이 몹시 기뻐하는 모양으로,

“아니 이게 누구신가?! 우리 서방님, 이제 돌아오십니까? 소첩은 며칠 전부터 오늘인가 내일인가 하고 줄곧 기다리고 있었습니다. 헌데 그 일은 어찌되었나요?”

하고 물었다. 바람 따라 유랑하는 그인지라 가볍게 말을 맞춰서

“그게 말이오, 서두르고 또 서둘러서 오늘에야 겨우 돌아온 것이오. 그리고 그 일은 완전히 실패해서 돌아왔소.”

라고 답했다. 그녀는,

“그렇습니까? 그것도 어쩔 수 없지요. 허나 우리 서방님이 그저 돌아왔으니 안심할 뿐입니다. 자, 함께 가지요.”

하고, 손을 끌듯 부지런히 앞에 서서 안내하여 제법 큰 어느 집에 들어갔다. 부인이

“어머니, 우리 서방님이 돌아오셨어요!”

라고 큰 소리로 어머니를 부르자, 어머니도 부랴부랴 나와서

“참으로 누가 돌아온 건가? 그 일은 어찌 되었는가?”

하고 물었다. 그러자 그 자가

"그 일은 명명백백 완전히 실패했습니다."

라고 답했고 어머니도

"어찌 됐든 자네가 예상외로 빨리 돌아온 것이 무엇보다 다행이지. 자, 어서 들어오게나."

라고 말하고, 실로 푸짐하고 다양한 저녁식사를 대접하는 것이었다. 이윽고 식사를 마치자 그는 부인과 함께 안방[3]에 들어갔다.

이리하여 그는 난생처음 며칠 동안 낙원에서 생활했는데, 어느 날 여자가 그를 남편으로 착각한 것을 깨닫고 기겁하여, 은밀히 어머니에게도 귀띔하고 이를 어찌하면 좋을지 상담했다. 어머니도

"그날은 이미 어스름한 저녁 때여서, 특히 내 늙은 눈(老眼)으로 확실히 사물을 판단하지 못했구나. 네가 말한 대로 우리 아이로 착각했는데, 과연 자세히 보니 조금 다른 듯하구나. 어찌 됐든 간에 할 수 있는 일은 이제 없구나. 사정을 잘 말해서 나가달라고 하는 수밖에 없지."

라고 하고 그 자를 불러서 얌전히 나가달라고 청했다. 그러나 이 자가 완고하게 움직이지 않고

"그대들 쪽에서 길 가는 사람을 군이 불러들였으면서 사람 잘못 봤으니 나가라고 하다니, 들어줄 수 없소. 누가 오든지 이대로 나가지 않겠소."

라고 말했다. 두 부인이 몹시 곤란해하는 가운데 진짜 남편이 돌아오기로 한 날도 점차 가까워졌다. 그래서 하는 수 없이 두 부인은 집안의 돈을 모아서 따로 집 한 채를 사서 약간의 토지까지 붙여서, 아는 사람을 통해 신부를 맞이해 주었다. 그리하여 그는 하루아침에 머리카락을 잘라 틀어

---

3 원문에 내방內房으로 표기되어 있음.

올리고, 한 집의 주인이 되어 젊은 부인과 사이좋게 살았다고 한다.

(一) 총각總角……… 조선朝鮮은 장유長幼의 차별이 분명하여 장자長者가 유자幼者를 대하는 것이, 주인이 비복婢僕을 대하는 것과 같다. 유자란 연령의 많고 적음을 말하는 것이 아니고, 미혼자를 말한다. 미혼 남녀는 총각總角(チョンガ)이라고 칭하여[4] 머리카락을 땋아서 어깨에 길게 늘어뜨리고, 혼약婚約이 성사되면 비로소 이것을 틀어 올린다. 한 번 머리를 틀어 올리면 아무리 젖내 나는 소년일지라도 그때부터 비복으로 불리는 일이 없고, 한 방을 차지하여 연장자를 대할 때도 거의 대등하게 교제할 수 있다. 그래서 재산가나 문벌가門閥家는 아들이 열 살이 되자마자 서둘러 동녀童女와 결혼시키고, 성인成人같이 갓을 씌운다. 그러나 지나치게 어린 아이에게는 이 나라 사람들이 존경하는 흑모黑毛 갓은 어울리지 않기에, 짚을 엮은 초립草笠이라는 누런 색 갓을 씌운다. 이렇기에 연장年壯[5]이면서 총각머리를 늘어뜨리는 것은 지극히 경제능력이 없는 것으로서, 자기 자식뻘인 어린 아이에게 비복 취급을 당해도 화를 낼 수 없다.

---

4 원문에서는 남녀 모두 '총각'으로 불린다고 하지만, 총각은 결혼하지 않은 성년 남자를 국한하여 지칭하는 것.

5 나이가 젊고 원기가 왕성함. 보통 30세 전후를 이름.

23

완역 조선이야기집과 속담

3. 가난한 군수가 돈을 얻다 貧郡守得錢

경성京城 일본인 마을인 진고개泥峴(チンカウガイ)라는 곳은, 이를테면 경성 교바시 구京橋區, 니혼바시 구日本橋區 또 간다 구神田區인 셈으로, 경성 제일 혹은 조선朝鮮 제일의 번화가가 되었다. 이곳은 이조李朝 시작부터 갑오甲午 전까지는 북촌北村과 짝이 되는 남촌南村이라 했는데, 여름에 덥고 겨울에 춥고, 비에 진창이 되고, 바람에 모래먼지가 날리는 고약한 악지惡地[1]로, 힘없는 가난한 양반兩班(一)들의 주거지가 되었다. 그러니 죄다 뼛속까지 빈곤한 양반들이고, 못 먹어도 트림하는[2] 고풍古風은 남아 있지만 속마음은 호시탐탐 어떻게든 군수郡守(二) 자리 하나 챙기고 싶다고 생각하고, 이것을 일생의 희망으로 삼았다.

이처럼 남촌에 사는 가난한 양반 중 한 사람으로, 일 년 내내 죽으로 배를 채우는 선생이 어떻게 운때가 맞았는지 생각지도 못하게 소망이 이루어져 운 좋게도 가난한 고을의 군수가 되었다. 그런데 이 무슨 하늘의 장난

---

1 사람이 살기에 적당하지 않은 땅.
2 원문은 일본의 속담 '무시기 기난히여 식시를 못한 때리도 방금 먹은 것처럼 유유자적 이를 쑤신다(食はねど高楊枝)'로 되어 있음. 설사 무사가 가난하거나 청빈하게 살아도 기품이 높은 것을 말함. 또는 억지로 점잔을 빼는 모습을 말함.

인지, 새 임지에 도착하여 호랑이 가죽으로 만든 방석에 앉아 군수 나리, 군수 나리라고 대접받는가 싶더니, 얼마 안 가 면관免官의 사령장辭令狀이 내려와 또 다시 멀고 먼 경성으로 낙향하는 신세가 되었다. 부임赴任의 여비조차 조금씩 군의 관속官屬에게 부탁해서 구해 오게 하던 가난한 양반이었는지라, 해임되고 나서는 여비마저 나올 곳이 없어졌다. 실로 부목浮木을 놓친 눈먼 거북이[3]의 경우이다. 그러나 새로 온 지 얼마 안 된 신참이 누군가에게 의중을 털어놓고 상담할 수도 없는 노릇이었다. 사정을 알아챈 영리한 군의 관속(三) 중 한 명이

"제게 한 번 맡겨 보시면 결코 나쁘게 일을 꾸미지는 않겠습니다."

라고 군수에게 말하니, 이 군수가 기대도 않던 행운이라며 그에게 만사 잘 부탁한다고 손을 비빌 뿐이었다. 그가 "그러면 따라 오십시오"라고 해서 그날 저녁 군수를 데리고 간 곳은 평소 고을에서 부자로 유명한 술집의 술 곳간이었다. 그는 사정을 미리 잘 알고 있는 듯 교묘하게 술 곳간으로 몰래 숨어들어 갔고, 거리낌 없이 술병에서 술을 퍼서 단숨에 들이켰다. 군수는 어안이 벙벙했지만, 조금 체념한 듯 그가 하는 대로 하자 하며, 권하는 대로 거나하게 들이켰다. 한 잔 한 잔 또 한 잔. 군수는 이제 고락苦樂을 일절 잊어버리고, 코를 요란하게 골면서 술병에 들러붙은 채 잠들어 버렸다. 그러자 군수의 이런 모습을 확인한 그 이방[4]이 술 곳간에서 뛰쳐나가며 큰 소리로,

---

3 일본 속담 '눈먼 거북이의 부목(盲亀の浮木)'의 뜻을 뒤집어 상황이 매우 어렵다는 것을 강조함. 이 속담은 망망대해에 살고 백년에 한 번 수면으로 올라오는 눈먼 거북이가, 겨우 부목浮木을 만나 그 구멍에 들어간다는 『열반경涅槃經』에 있는 이야기로부터 유래. 경험하기 어려운 일, 드문 일. 또는 불법佛法을 만나는 것이 어렵고 힘들다는 것을 비유할 때 씀.
4 원문은 '이원吏員'.

26

"도둑이다, 도둑이다!"

라고 소리 지르고 쏜살같이 도망쳐 사라졌다.

술집 사람들이 도둑이라는 소리에 놀라 모두 손에 무기를 들고 휘두르며 소리가 난 쪽인 술 곳간으로 들어가 보니, 이게 어찌된 일인지 행색이 천해 보이지 않는 도둑이 태평하게 인사불성이 되어 술병 옆에 취해 쓰러져 이미 단꿈에 한창 빠져 있었다.

"네 이놈, 뻔뻔한 녀석!"

하고 군수를 밧줄로 단단히 묶어서 술 곳간 앞에 있는 감나무에 매달았다. 그리고

"오늘 밤은 늦었으니 내일 아침에 꼭 군수에게 신고하겠다."

라고 하고 모두 해산했다.

때를 기다리고 있던 예의 이방이 일이 착착 잘 진행됐다고 생각하고 감나무에서 군수를 구해서 내려주고 도망쳐 돌아가게 했다. 그리고 그 대신 술집과 떨어져 있는 객실에서 주인의 여든 남짓한 노모老母를 끌어내어 감나무에 높이높이 매달았다.

이런 줄도 모르고 술집 주인은 다음 날 아침 서둘러 군의 관아(郡衙)에 출두하여 지난 밤 술 곳간에 도둑이 들어온 것을 운 좋게 잡아서 지금 집 뒤편에 있는 감나무에 매달아 두었다고 신고했다. 군수와 이방은 천연덕스러운 얼굴을 하고

"그거 참 잘했구나, 공로가 크도다. 당장 포졸捕卒[5]을 보내서 연행하라."

라고 말했다. 이윽고 포졸에게 묶여 오는 자를 보니, 이게 대체 어찌된 일인지 여든 남짓한 노파가 꽁꽁 포박을 당해 소리도 내지 못하고 망연하

---

5 원문은 '포도수捕盜手'.

게 서 있는 것이었다.

기겁한 것은 술집 주인이었다. 이게 무슨 일인가 하고 달려가 노모를 돌보려 하자, 군수가 날카롭게 노려봤다. 군수는,

"네 이놈, 불효무도不孝無道 악독한 아들(鬼子)이여! 자기 어미를 나무에 묶어서 매달고는 도둑이라고 신고하다니, 이게 대체 무슨 일이냐! 옥졸獄 卒[6]은 어서 이 녀석을 연행하라!"

라고 지시를 하고 거만하게 자리에서 일어났다.

술집 일가가 큰 혼란에 빠져 정신을 못 차리고 상황을 깨닫지 못한 사이 주인이 금옥禁獄[7] 되자, 이 일의 묘약은 이것뿐이라 생각하여 전 재산을 털어 뇌물로 주었고, 마침내 주인은 용서받아서 출옥했다. 군수는 이렇게 차고 넘치는 재산을 얻었고, 여장을 호화롭게 치장하고 뒤처리를 잘하고 떠났다. 그러나 그 이방이 군수 이상으로 이득을 착복한 것은 물론이나.

> (一) 양반兩班(ヤングバン)……… 양반이란 이 나라의 귀족 혹은 사족士族 계급에 속하는, 소위 명문의 총칭으로 문반文班과 무반武班 양반을 의미한다. 즉 이것은 그 가문에 문신文臣으로서 재상宰相, 대신大臣 에까지 오른 자, 내지는 무반武班[8]에 속하여 대장大將에 오른 자를 말한다. 다만 후대에 이르러서는 문신으로서 무직武職을 겸하거 나, 무반으로서 문신으로 전속轉屬하는 자 또한 매우 많았다. 제갈 공명諸葛孔明은 아니지만 소위 출장입상出將入相[9]했다.

---

6 원문은 '옥정獄丁'.
7 옥에 가두어 두던 형벌. 중죄重罪에 부과하는 형으로, 중금옥과 경금옥이 있었음.
8 원문은 '무변武辨'.
9 나가서는 장수將帥요, 들어와서는 재상宰相이라는 뜻으로, 난시亂時에는 싸움터에 나가서 장군將軍이 되고, 평시에는 재상이 되어 정치를 함을 이르는 말.

도입부인 만큼 여기서 우선 조선朝鮮 사회조직의 대개大槪에 관해 언급하고자 한다. 조선은 상민常民의 계급조직을 대개 세 계급으로 나누고, 제1 계급은 바로 양반, 제2 계급은 중인中人, 제3 계급은 상한常漢 즉 평민平民이다. 양반은 상술한 바와 같다. 대체로 명문이라 하는 명문은 모두 이것에 속하고, 또 종래 명문이 아니었더라도 한 명이 대신, 재상에 올라서 중신重臣에 오르면, 그 자손부터는 양반에 편입되어 사회적 특권을 획득한다. 중인이란 다수가 전조前朝의 중신가重臣家로, 이조李朝에 이르러서는 대신이 되는 일이 불가능했다. 그러나 평민과 동일시할 수 없는 한 계급이고, 주로 사역원司譯院,[10] 전의감典醫監,[11] 관상감觀象監,[12] 사자감寫字監,[13] 도화서圖畵署,[14] 계사計事,[15] 율관律官[16]으로 출사하고 직업복이 가장 많다. 그래서 중인은 비록 집안이 떨어지더라도 가계가 풍족하면 양반을 업신여기고, 항상 자기 계급 안에서 결혼하는 매우 오만한 습성이 있다. 그런데 그 안에 인재가 매우 많고, 사회적 지위가 낮음에도 불구하고 판서判書 즉 대신까지 오르는 일도 있다. 지금의 지부支部 대신인 고영희高永喜[17]는 실로 현재 중인의

---

10 고려·조선시대의 번역·통역 및 외국어 교육기관.
11 조선 개국년인 1392년 설치된 의료행정과 의학교육을 관장하던 관청.
12 조선 시대에 예조에 속하여 천문天文, 지리地理, 역수曆數, 기후 관측, 각루刻漏 따위를 맡아보던 관아. 세종 7년(1425)에 서운관을 고친 것으로 고종 32년(1895)에 관상소로 고침.
13 글씨를 베껴 쓰는 곳으로, 승문원承文院이 사대事大·교린 문서交隣文書를 관장하였는데, 특히 사대 문서인 주본奏本·자문咨文·표전表箋·방물장方物狀 및 부본副本들은 선사자善寫者가 서사書寫해야 하였으므로 당상관이나 문신文臣이 아니더라도 사자寫字에 특이한 재능이 있는 자로 하여금 글씨를 베껴 쓰게 하였음.
14 조선시대 그림 그리는 일을 담당하던 관청.
15 조선 시대 회계, 공물이나 자재수납 등 계산이 필요한 업무를 맡았음.
16 율과에 급제하여 임명된 관원官員.

모범(薨楚)이다. 제3급인 상한에도 분류가 있다. 종로鐘路 서쪽에 사는 궁내부宮內府 액정掖庭[18]은 궐내의 하복[19]으로 이것을 세습하고, 다른 노복奴僕에 비해 의식衣食의 부족함이 없으며 상한 가운데 뛰어난 자이다. 또 동대문東大門 안에 사는 군속軍屬은 병졸兵卒 및 하사관下士官을 세습하는 상한이며 능력을 인정받아 출세하면 장군將軍에 준하는 벼슬을 얻을 수 있다. 그러나 대다수는 천졸로 일생을 마치기도 하고, 여전히 말단 관리官吏에서 벗어나지 못하고 있다. 다음으로 농農, 그 다음은 상商, 가장 아래는 공민工民이다. 그중에서도 농은 나라의 근본이 되기 때문에 천업賤業으로 인식하지 않는다. 그래서 양반이 경성에서 세력을 잃거나 중앙 정계의 분주함이 싫어 고답高踏적인 전원田園 속에 은거하면, 손수 파립단사破笠短蓑[20]로 농부와 함께 밭을 갈지만 이를 조금도 치욕이라고 생각지 않는다. 양반은 여전히 양반으로서, 평소처럼 농부에게 존엄을 유지하고 함께 밭이랑으로 내려가 똑같이 농사일을 하는데, 농부가 조금이라도 양반에게 예를 갖추지 않으면 이 일로 사적인 제재를 내려도 문제되지 않는다. 상민商民이 되면 계급은 상당히 내려가고, 공민에 이르면 더욱 내려가 거의 노예에 가깝다. 중인과 상민常民은 과거科擧에 응시할 수 없으며, 상한 다음은 노예 및 백정穢多[21] 계급이지만, 이것을 상민이라고 할 수 없다.

---

17 (1849~?) 한말·일제강점기의 정치가. 갑오개혁에 참여했고, 독립협회의 발기인으로 참여했음. 이완용 내각 탁지부대신 때 고종 양위에 강력히 반대하기도 했음. 국권피탈 때 찬성쪽 앞잡이, 조선총독부 중추원 고문 등 친일 활동을 했음.

18 왕명의 전달 및 궁궐 관리를 맡아보던 관아.

19 원문은 '주례走隸'.

20 해어진 삿갓(파립破笠)과 짧은 도롱이(短蓑).

(二) 군수郡守……… 군수는 인민에 대해 광대무한廣大無限한 권한을 갖는다. 군수는 행정, 사법을 모두 총체적으로 일임하는데 이는 흡사 옛날 우리나라[22]의 고다이묘小大名[23]와 같다. 그러니 인민은 이에 대해서 고양이 앞의 쥐와 같은 것으로, 감히 우러러볼 수도 없다. 한 사람이 군수를 3년 하면 일족이 평생 풍족해진다는 말은 이 나라 속담이다. 군수 위에는 감사監司가 있다. 감사는 거의 다이 다이묘大大名[24]와 같다. 하지만 근대에 이르러 군수를 교체하는 것이 주마등처럼 빠르다. 한 고을에서 군수를 일 년 중 여섯 번 송영送迎하는 일이 드물지 않다. 때문에 인민이 그 때마다 환영과 석별을 하느라 눈코 뜰 새 없이 바쁘고, 재물을 낭비하기가 이루 말할 수 없다. 대개 새 군수가 임명되면 그 임명된 고을에 이 사실을 알린다. 군의 관속官屬은 대표자를 정하여 상경시키고, 초면의 예를 갖추어 군수가 언제 내려오는가를 묻고 보통 준비자금과 여비를 진상했다. 그리고 대표자는 다시 하향下鄕하여 군수의 환영 준비를 서두른다. 마침내 군수가 임지에 도착하면, 읍 밖 1리里부터[25] 3리에 걸쳐 의장병儀仗兵이 좌우 정렬하여 군악을 연주하고, 행렬을 경호하여 군아郡衙로 들어간다. 이에 큰 연회를 베풀고 군기郡妓로 하여금 창가무답唱歌舞踏을 시키고, 연일 주지육림酒池肉林에 흠뻑 취한다. 그 환영 연회가 끝나자마자 다시 군수는 면관免

---

21 원문에는 '에타穢多'. '에타'는 일본의 중세·근세의 천민 신분의 하나. 메이지明治 4년(1871)까지는 히닌非人과 함께 사민四民 계급의 밑에서 차별 대우를 받았음.
22 작자의 국적인 일본을 가리킴.
23 '쇼묘小名'. 일본 무가武家 시대에 영지領地가 다이묘大名보다 적었던 영주.
24 다이묘보다 영지가 더 많은 영주.
25 일본의 1리는 한국의 10리에 해당함.

官이 되어 그에 따라 석별연惜別宴과 석별 선물을 바치고 공적비를 세운다. 인민의 재물을 낭비하는 것은 일일이 열거할 수 없을 정도이다.

(三) 군의 관속官屬········ 군의 관속을 아전衙前이라고 한다. 대부분 지방의 토호土豪가 대대로 세습한다. 그래서 군수는 꼭두각시일 뿐 실제로 고을의 정치는 모두 그들의 의중에서 비롯되는 것이다. 백성의 재물을 강제로 빼앗는 일도 그들의 소행이며, 수세收稅 또한 그들이 집행한다. 특히 아전은 자신들만의 비밀 반별첩反別帖[26]을 갖고 있는데 군수에게는 이것을 밝히지 않고, 수량을 더 적게 기록한 반별첩만을 제시한다. 아전은 자신이 갖고 있는 장부의 기준에 따라 조세를 거두고, 상납上納 시에는 군수의 장부에 따라 조세를 상납한 뒤 그로 인한 차액은 자신이 가로챈다. 이조李朝 수백.년 악정惡政의 반 이상은 그들의 죄이다.

---

26 토지경작 장부.

4. 거짓말 겨루기嘘較

옛날 옛날에 세도勢道[1] 양반兩班이 있었다. 밤낮으로 관직을 얻으려는 사람들로 문전성시를 이루어 쇠파리가 들끓는 것과 같았다. 어느 날 양반이 계책 하나를 짜내어 관직을 얻으러 온 이리(狼)[2]들에게 선언하길

"이제부터 당신들이 관직을 달라는 요구에는 무슨 방법을 써도 절대 귀를 기울이지 않겠소. 다만 교묘한 거짓말로 나를 속이는 자가 있다면 그 사람에게는 반드시 관직을 주겠소."

라고 말했다. 이러한 포고布告를 들은 그들은 거짓말과 밥 먹기는 우리들 전문이지 하며, 너도 나도 궁리를 해서 이건 어떨까, 저건 어떨까 하며 모두 몰려와 능숙하게 거짓말을 했다. 그러나 역시나 이 분은 그들을 뛰어넘는 인물로, 거짓말을 꾸며내는 데는 백전노장이었다. 그는 수많은 어려운 고비에서 쉽게 승리를 거두고 세도를 얻은 늙은 양반이었다. 그러하니 어찌 이들의 거짓말에 넘어가겠는가. 한마디 할 때마다 그가

---

1 세력勢力을 행사行使할 수 있는 사회적社會的 지위地位나 권세權勢.
2 탐욕으로 가득한 자를 비유한 것.

"거짓말이다!"

라고 크게 성내며 꾸짖으니 모두 보기 좋게 실패하고 말았다.

이에, 이리 무리 중 한 사람인 아무개가 이미 계절은 차가운 겨울로 들어선 음력 11월 1일에 늙은 양반을 만나 뵈었다. 아무개가,

"그제 절친한 벗의 생일연회에 초대받았는데 부귀가 하늘을 찌르는 권세가인지라, 온갖 것이 잘 정리되었고 갖은 산해진미 요리가 나왔는데 실로 근래에 보기 드문 성찬이었습니다. 그중 특히나 손님들을 기절초풍하게 만든 것은 큰 접시 하나에 담긴 종로鐘路의 거종巨鐘⁽⁻⁾만 한 앵두 열매였습니다."

라고 말했다. 그러자 늙은 양반이 큰 소리로 호령하며,

"바보 같은 놈, 세상에 인종人鐘만 한 앵두가 있겠느냐? 거짓말 마라."

라고 하니 그는 태연하게,

"그렇다면 영도사永道寺⁽三⁾ 종만 한 앵두라고 한다면 어떻습니까?"

라고 말했다. 늙은 양반이 다시금 큰 소리를 치며,

"거짓말 마라! 어디에 절의 종만 한 앵두가 있겠느냐?"

라고 말했다. 그는 여전히 태연하게

"그러면 대감大監⁽四⁾ 댁 술 곳간의 술독만 하다고 하면 어떻겠습니까?"

라고 말했다. 그 늙은이가 다시 호통치며,

"이 당나귀 같은 놈, 어디에 그렇게 터무니없는 앵두가 있느냐?"

라고 말했다. 그는 더욱더 태연하게,

"그렇다면 가난한 집의 술독만 하다고 하면 어떻습니까?"

라고 말하기에,

"이런 멍청한 거짓말쟁이야."

라고 호통쳤다. 그러자 그가

　"밥그릇만 한 앵두."

라고 하자 늙은 양반이

　"이것도 뻔한 거짓말, 서투른 거짓말."

이라고 호통쳤다. 그러면 밤만 하다고 하니, 아, 거짓말. 그러자 커다란
대추만 하다고 하자 그것 역시 거짓말. 그러면 작은 대추만 하다고 하니,
이를 듣고 양반이 자그마한 대추알 정도의 앵두는 있을 것이라고 끄덕였
다. 이리하여 그는 의기양양하게 그 자리를 떴다.

　자리를 뜬 그가 연신 이번이야말로 교묘하게 늙은 양반을 속였다고 목청
을 높이자, 이리들이 모두 몰려와서 어떻게 속였냐고 물으니 그가 앞선
앵두이야기를 자세히 설명했다. 그가,

　"즉 처음 화두에서 그제 연회에서 앵두를 보았다고 했지만 늙은 양반이
그것을 의심하지 않았습니다. 지금은 추운 겨울이고 따라서 앵두 열매가
있을 리 만무한데 늙은 양반은 앵두가 종만 하다는 것에 마음을 빼앗겨
지금이 엄동嚴冬인 것을 깨닫지 못하고 결국 그제 제가 대추만 한 앵두를
봤다는 것을 인정했습니다."

라고 말했다. 이것을 들은 무리들은 참으로 감탄했다. 후에 늙은 양반이
이것을 전해 듣고 깨끗이 졌다고 승복하고, 그를 모관某官에 임명했다고
한다.

　　(一) 세도勢道………한때 권력의 일인자인 관리를 일컫는다. 어떤 주상
　　　奏上이든 반드시 그를 통해야 비로소 이루어지니, 권력의 길, 세도
　　　勢道는 참 잘 지은 이름이라고 할 수 있다.

(二) 종로鐘路의 대종大鐘⋯⋯⋯종로의 대종은 경성京城에 있는 시계 종이다. 지금도 오시午時와 반야半夜에 치고 있다. 종소리가 그다지 맑고 시원하지 않다. 일명 인종人鐘이라고도 한다. 인경이란 사람을 거푸집에 넣은 종이란 뜻이다. 이에는 또 속설俗說이 있다. 그 옛날 이 대종을 주조鑄造하라고 발기發起한 승려가 여러 곳에 기부를 모으며 다녔다. 승려가 어느 시골의 한 집에서 기진寄進을 청하니 남편이 없는 어미와 한 아이가 있었고, 매우 궁핍한 생활이었다. 어미 되는 사람이 보시는 바 가난하게 살아서 기진寄進할 만한 물건 하나도 없어 어쩔 수 없다고 말하고, 하는 수 없으니 이 아이라도 기진하면 안 되겠냐고 웃었다. 승려도 방도가 없어 길을 나섰는데, 종의 귀신이 이 이야기를 듣고 매우 불쾌해했다. 후에 기부 모집을 마치고 주조를 개시해 이윽고 종을 완성했다. 이에 처음 종을 치려고 성식盛式을 거행하여 종을 시험 삼아 쳐보니 조금도 소리가 나지 않았다. 모두 기이하게 여기고 여러 가지로 연구했지만 원인을 알 수 없었다. 그런데 한 발기자의 그날 밤 꿈에 종의 신이 현현하게 나타나, 일전에 모 마을의 한 부인이 그 아이를 기진하겠다고 말한 것을 아직 기진받지 못했기 때문에 종이 완성되지 않았다고 이야기했다. 마침내 사실을 알고 관허官許를 받아 다시 종을 주조할 때 그 아이도 넣어서 지금의 종을 만들었다고 한다. 다만 본디 이 속설은 허황된 이야기로, 다시 주조할 때의 사적事蹟에 견강부회牽强附會한 야인野人이 만들어낸 것에 지나지 않는다.

(三) 영도사永道寺⋯⋯⋯경성京城 동대문東大門 밖에 있는 작은 절이고, 지금은 단지 경성 양반兩班들의 유연遊宴의 장소일 뿐이다.

(四) 대감大監⋯⋯⋯대감이란 정삼품正三品[3] 이상의 위계位階를 지닌 양반兩班을 부를 때 사용하는 존칭이다. 종이품從二品 이하 정삼품까지는 영감令監, 종삼품從三品 이하 구품九品까지 적어도 관위官位를 지닌 자는 이를 나리라고 호칭하고 있다. 이런 점을 통하여 일반 평민平民과 구별하는 관존민비官尊民卑의 사상을 알 수 있다.

---

3 원문에는 '정삼품'으로 되어 있으나 '정이품'이 옳음.

완역 조선이야기집과 속담

5. 풍수선생風水先生

　옛날 옛날에 경성京城에 한 사람의 풍수의 대가가 있었다. 나이가 들면서 상묘相墓의 점술에 점점 정통하게 되어 그 분야의 명장으로 천하에 그 이름을 떨쳤다. 노인에게는 아들 셋이 있었다. 사정이 있었는지 풍수의 술수는 배우게 하지 않았지만 집안 사정이 풍족해서 유명한 스승을 두어 성인의 도리를 수양하게 하였고, 붓글씨도 서투르지 않아 노부부도 삼형제가 모두 어리석지 않다고 애지중지했다. 노인이 점점 나이를 먹어 언제 어떤 일이 있을 것인지 헤아리기 어렵다고 보고 세 아들은 기회가 있을 때마다

　"엄친 이후 100년 뒤에, 어디에 묏자리를 정하면 상서로운지 말씀만 해 주신다면 어떠한 깊은 산속, 바다 한가운데라도 반드시 뜻하신 바를 이루어 드리겠습니다."

라고 말했으나 어째서인지 노인은

　"그것은 이미 내 마음속에 정해 놓았다. 그렇지만 아직은 알려줄 때가 아니니 조금 기다려 달라."

고 말할 뿐이었다.

　그 후 1년 2년 지나 점점 노인의 생명이 위태로워져서 누누이 이를 물었

지만 역시 기다려 달라고 대답할 뿐이었다. 그러던 중 노인의 건강은 갈수록 쇠약해져 애처롭게도 만추晩秋 이슬의 귀뚜라미와 같이, 새벽녘의 등불과 같이 이젠 도저히 이번 겨울을 넘기기 어려울 것으로 보였다. 삼형제는 의논해서 애써 묏자리를 여쭈었는데

"이것은 내 입으로는 말할 수 없고 내가 죽은 후에 친구인 아무개에게 가서 가르쳐 달라고 해라."

라고 대답하였다. 이렇게 해서 얼마 지나지 않아 돌아올 수 없는 길을 떠나고 말았다.

슬프기 그지없었지만 그보다 급한 것은 묘소를 선정하는 일이었다. 세 사람은 다 함께 선친의 친우親友로 역시 풍수의 거장인 아무개에게 가서 유언을 알려드리고 겸허하게 가르침을 청했다. 아무개는 잠시 생각에 잠겨

"과연 너희들의 선친의 묏자리는 그도 나도 잘 알고 있다. 그렇지만 지금 내가 그 곳을 알려준다면 너희들은 과연 그곳에 장사지낼 것이냐?"

라고 묻자 세 사람 모두 목소리를 모아

"두말하면 잔소리입니다. 선친의 유언을 어찌 받들지 않겠습니까. 어떠한 호랑이 굴이건 교룡蛟龍[1]이 숨어 있는 연못이건 간에 우리들 세 사람이 마음을 모아 힘을 합쳐 뜻을 이루겠습니다."

라 대답했다. 아무개는 거듭

"그래도 만약 그 곳에 묘를 정한다면 너희들 세 사람 중 큰형은 초우初虞(장례식 다음 날)에 목숨을 잃고 둘째는 졸곡卒哭(선친 사후 100일째)에 목

---

1 상상 속에 등장하는 동물의 하나. 모양이 뱀과 같고 몸의 길이가 한 길이 넘으며 넓적한 네발이 있고, 가슴은 붉고 등에는 푸른 무늬가 있으며 옆구리와 배는 비단처럼 부드럽고 눈썹으로 교미하여 알을 낳는다고 함.

숨을 잃고 막내는 소상小祥(선친 사후 1년째)에 목숨을 잃을 것이다. 이래도 여전히 내가 말하는 것에 따르겠다고 우기겠는가?'
라고 다시금 확인했다.

세 사람은 너무나도 엄청난 사실에 깜짝 놀랐으나 큰형이 다시 반문하기를

"우리들 세 사람이 선친 사후 1년이 되지 않아 똑같이 목숨을 잃는다면 그곳에 묘소를 정하는 것이 무슨 복이 되겠습니까?"
라고 하자, 이 때 아무개 노인이 빙그레 웃으며 말하기를

"그렇다면 장래 너희 집안에서 재상宰相을 세 사람 내주마."
라고 했다. 이를 들은 삼형제는 한층 놀라 마음속으로

'우리들 세 사람이 이미 선친이 돌아가신 후 1년이 되지 않아 모두 목숨을 잃는다 하면 어찌 세 사람의 재상을 낼 수 있겠는가. 필경 노인이 그러한 거짓말을 해서 우리들이 얼마나 성심誠心이 있는가를 시험해 보려는 것이리라.'
라고 생각했다. 막내 동생이 우선 어떤 운명이 내 몸에 닥쳐온다고 해도 반드시 노인의 가르침에 따라 묘소를 정할 것이라고 맹세했다. 첫째와 둘째 형도 이의가 없었다. 아무개 노인은 즉시 상세히 장소를 가르쳐 주었고 이윽고 성대한 장례식을 치르고 무사히 관을 묻었다.

불가사의하도다! 아무개 노인의 예언은 신과 같았다. 장례식이 끝나고 일족이 모여 위폐 앞에 둥글게 앉아 아이고, 아이고 슬프게 울면서 밤을 지새운 그날 아침, 지금까지 아무렇지도 않았던 큰 형이 돌연 '웅' 하는 외마디 소리를 이승의 이별의 말로 하고 무덤의 흙이 아직 마르지도 않은 선친의 뒤를 따라 승천했다. 일가의 슬픔은 이루 말로 표현할 수가 없었다.

노인의 부인은 지금도 살아 있다면 나야말로 그를 대신해야 했었다고 한탄하고 또 한탄했다. 큰 형의 부인 또한 꿈인지 생시인지 분간을 못하는 심경으로 울려고 해도 눈물이 말라붙어 그저 엎드려 있을 뿐이었다.

그제서야 두 형제는 노인의 계시가 뼈가 사무치도록 와 닿아서 슬퍼하면서도 각자 자기 자신의 운명을 각오하는 심정이야말로 얼마나 애처로운 일이가! 그렇다고 넋 놓고 있을 수는 없어서 또 다시 새로운 장례식을 치르게 되어 음습한 집이 한층 음습해져서 5월 장마 무렵의 하늘과 닮았다. 백구과극白駒過隙[2]보다 빠른 광음光陰은 슬픈 집에도 예외가 아니어서 오늘은 어느새 늙은 아버지가 돌아가신 지 100일째가 되는 날이어서 친족들이 모두 모여 천지가 흔들릴 만큼 통곡하고 있었는데 안타깝게도 둘째 형도 갑자기 무슨 병인지 알지도 못한 채 숨이 끊어져 버렸다. 아무리 불러도 흔들어 봐도 이미 유명계幽冥界로 떠나가 기파편작耆婆扁鵲[3]이라도 손을 쓸 수 없었다. 노모와 그 부인의 슬픔은 실로 간장촌단肝腸寸斷의 절경絶境이었다. 지금까지 자기 어머니에게는 아무것도 알리지 않고 있었던 막내 동생은 너무나도 어머니 등이 슬퍼하는 것을 차마 볼 수 없어서 즉시 일부러 상묘 때의 이야기를 했다. 노모의 놀람과 비애는 너무나도 커서 거의 숨이 넘어갈 지경이었다. 형제 세 사람의 무모한 승낙을 한스럽게 여기며 눈물을 흘리며 원망했다. 그렇지만 이미 그렇게 정해진 운명이라고 듣고는 더 이상 슬퍼해도 달리 방도가 없었기에 들판에서 장송식을 치른 후 새로이 남편을 잃은 세 사람의 과부와 9개월 후에 똑같이 죽을 한 남자는 애수哀愁

---

2 흰 망아지가 달려가는 것을 벽의 틈새로 언뜻 보는 것과 같다는 뜻으로 세월의 흐름이 빠름의 비유.
3 명의名醫. '기파耆婆'는 고대 인도의 명의, '편작扁鵲'은 고대 중국의 명의.

속에 세월을 보내고 있었다.

100년의 수명을 바라는 인간에게는 50세나 60세의 일생도 너무나도 무상하다고 해서 출가 득도하는 일도 있다고 한다. 이것은 그것과는 달리 불과 200여 일을 수명으로 날날이 밤마다 사지에 가까워지는 사랑하는 외아들을 보는 노모와 그 외아들인 막내가 모여 있는 이 일가에 무슨 웃음이 있고 무슨 위안이 있을 것인가. 하루는 막내는 절실하게 자신의 신세가 흉험함을 느껴 자신의 어머니의 슬픔을 헤아려 차라리 멀리 떠나 어딘가의 산이나 강에서 객사해서 죽음을 어머니에게 보이지 않으리라 결심했다. 이 생각을 어머니에게 이야기했다.

"선친 소상[4] 날이야말로 저의 목숨이 다하는 날일 것입니다. 어디에서 어떻게 죽든 마음에 두지 마십시오. 만약에 하나 그날에 죽지 않았다고 해도 제 목숨이 앞으로 몇 년이나 살 것도 아니므로 급히 돌아오겠습니다."

많은 액수의 여비를 허리춤에 차고 눈물로 지새우는 모친을 뒤로하고 목적지도 없는, 이 세상의 여행이 아닌 저승길을 향한 여행을 떠났다.

술은 근심 걱정을 씻어내는 소중한 빗자루[5]와 같은 것이고 가무歌舞의 거리에는 고생은 없는 것이 인생인 법인데 이와 같은 비참한 운명을 짊어진 자에게는 그것도 반드시 그렇다고는 할 수 없다. 있는 돈을 전부 술을 사서 마시고 산수를 방랑하며 하루하루를 마지막 날이라 각오하며 사는 동안 어느새 거의 정해진 일수를 보냈다. 그렇지만 몸은 갈수록 건강해서 죽어야 할 몸이라고는 전혀 생각할 수 없었다. 하루는 조금 길을 무리해서 산속에서 날을 보내고 모르는 지방이라서 한 발자국도 나아가지 못하고

---

4 죽은 지 한 돌 만에 지내는 제사. 일주기.
5 소식蘇軾의 시 『동정춘색洞庭春色』에 보임.

'오늘 밤은 이 산록山麓에서 야숙해야지.' 하고 조금 높은 곳에 올라가 주위를 내려다보았다. 얼마 멀지 않은 산 밑에, 사람이 사는 듯이 보이는 창문을 밝은 등불이 비추고 있는 것을 보고 '휴, 안심이다.' 하고 서둘러 도착했다. '똑똑' 하고 문을 두드리자 들어오라고 대답하는 것이었다. 오십을 조금 넘긴 친절해 보이는 노부인 한 사람이 숙연하게 온돌 입구에 앉아 있고 그 외에 사람은 없는 듯했다. 그가 지나가는 과객으로 날이 저물어 하룻밤 묵기를 청한다고 하자 노부인은 흔쾌히 승낙하고 야식에 술 등을 곁들여 가지고 와서 정성스럽게 대접하였다.

"실은 첩의 딸이 내일 혼인해서 일이 바쁘던 참에 다행히 손님께서 오셨습니다. 첩은 마을로 내려가 오늘 밤은 거기서 머물 것이니 손님께서는 죄송하지만 빈 집을 봐 주십시오. 아무도 없는 집의 침구는 저기에 준비되어 있습니다."

라고 하고는 모든 준비를 해 놓고 급한 듯 서둘러 나갔다.

드디어 밤이 되어 여행의 피로도 몰려와 이제 이불을 뒤집어쓰고 자려고 하는데 갑자기 문을 열고 창문을 열고 꿀과 같은 달콤한 말투로

"어머니 마지막으로 안아주세요. 오늘 밤은 옆에서 자게 해 주세요."

라며 재빨리 의복을 벗어 던지고 그가 자고 있던 이불 안으로 들어오는 자가 있었다. 희미한 등불로 비추어 보니 이는 정말이지 신선하고 아름다운 묘령의 미소녀였다. 이미 엎질러진 물인 격이 되어 남자도 이것저것 물어볼 용기조차 없었다. 하물며 미인은 얼마나 놀랐겠는가! 옥과 같은 팔, 향기 나는 눈(香雪)과 같은 피부, 일단 젊은 남자에게 몸을 드러낸 이상 이제 와서 새삼스럽게 도망갈 수도 없었다. 하물며 여름 벌레는 아니지만 자기 쪽에서 뛰어들어 갔기 때문에 실로 부끄럽고 두려워서 몸을 떨 뿐이

었다. 그렇지만 살며시 상대의 용모를 살펴보니 과연 도읍의 부잣집 셋째 아들인지라 어딘지 모르게 고상하고 풍채가 말쑥하며 긴 여행에 얼굴이 조금 그을렸지만 이를 데 없이 남자다웠다.

남자에 대해서는 태어나서 자기 아버지 형제 이외에는 얼굴조차 모르고 그대로 모르는 남자에게 시집을 가서 후손을 낳고 소중하게 키우는 조선의 부인은, 처음으로 빼어난 남자를 만나 어찌 마음이 기쁘지 않겠는가. 남자의 마음도 이와 다르지 않아서 태어나서 지금까지 20년, 아직까지 음양의 정을 알지 못하고, 불가사의한 운명에 빠져 당장이라도 죽어야 할 몸이지만 아직 영혼이 사지를 떠나지 않은 이상, 따뜻한 피가 흐르는 알지 못하는 미인의 향기에 취하는 것도 무리가 아니었다.

누가 먼저라 할 것 없이 이 덧없는 선잠의 꿈이 이루어져서 두 사람은 하룻밤을 천대千代와 같이 깊게 정을 통했다. 이 미인은 이 마을의 한 양반의 따님으로 이 집의 노파는 그녀의 유모이다. 그래서 역시 어머니라고 부르면서 항상 같이 자는 것이 습관이었다. 그러는 사이 아가씨는 점점 성장했고, 천성적으로 대단한 미모로 좋은 배필이 생겨서 내일은 드디어 혼인을 올리게 되어, 오늘 밤 마지막으로 유모에게 안겨서 잠을 자려고 온 것이었다. 남자도 신상에 대한 이야기를 자세하게 털어놓고, 너무나도 덧없는 운명을 탄식하자, 여자는 이미 내 목숨을 바칠 남자의 이러한 애처로운 이야기를 듣고는 한층 정이 솟구쳐 올라 이제는 더 이상 이 남자 외의 다른 남자는 만나지 않겠다고 굳게 다짐했다. 남자는 음울한 이야기를 하면서 손꼽아 세어 보니 실로 오늘 밤이 아버지가 죽은 지 일 년째(소상) 되는 날이었다. 새삼스럽게 놀라서, '그렇다면 만남을 마치고 이대로 나는 죽는 것인가?' 더없는 운명이라고 조용히 탄식하면서도, 이윽고 두

45

사람은 같이 잠자리에 들었다. 그런데 아침에 여자가 눈을 떠 보니 이게 어찌 된 일인가! 남자는 이미 사지가 차갑게 식어서 이 세상 사람이 아니었던 것이다.

여자는 이미 각오하고 있었기에 냉정을 잃지 않았다. 엄한 아버지에게 어젯밤 일의 전말을 털어놓았다. 아버지는

"이 음란하고 불효한 녀석! 유서 깊은 우리 집안에 지울 수 없는 오점을 남긴 미친 녀석!"

이라고, 형언할 수 없을 정도로 호통을 쳤다. 그렇지만 여자는 자신의 몸을 이미 그 사람에게 준 이상 두 번 다시 다른 남자와 결혼하려 하지 않았다.

"이생의 소원이오니, 이러한 운명이라고 체념해 주시고 저를 그분에게 보내 주십시오. 그분의 유해와 함께 경성에 있는 그의 집에 저를 보내시어 과부로 일생을 살게 해 주십시오."

라고 눈물을 흘리며 결연하게 아뢰었다. 아버지도 죽일 수밖에 없는 여식인지라, 죽이기보다는 차라리 낫다는 심정으로 여자의 오라비 세 사람을 향해

"이 불효자식을 데리고 경성에 갈 사람이 없는가?"

하고 묻자, 큰 오빠도 작은 오빠도

"싫습니다. 싫습니다. 형제면서 형제가 아닌 이런 여자와 같이 간다니요."

하며 거절하였다. 하지만 막내는 과연 심성이 착해서

"그러면 제가 데리고 가겠습니다."

라며 유해를 앞에 세우고 새 과부를 뒤로하고, 낮에는 걷고 밤에는 묵으며 경성으로 길을 떠났다.

어머니는 비가 오나 바람이 부나 살아남은 소중한 외아들을 잊은 적이

없었다. 어느새 세월이 흘러서 아버지의 소상의 날이 되었다.

"불쌍하다, 오늘은 우리 아들이 죽는 날이구나. 세상 어디 끝에서 어떻게 죽을 것인가!"

눈물이 비처럼 흐르고, 잠을 못 이루고 엎치락뒤치락하면서 눈물로 하룻밤을 지새웠다. 오늘 부고가 오려나, 내일 부고가 오려나 두려워하며 기다리고 있었지만, 10일이 지나도 끝내 부고가 오지 않았다. 혹시 불가사의하게도 운명에서 벗어나 그대로 살아서 머지않아 무사히 돌아오는가 하고 헛되이 기대하며 매일 문 앞에 서서 아들 같은 사람이 지나가는지를 멍하니 바라보고 있었다. 며칠이 지난 어느 날, 자신의 집 문 앞에서 일직선인 가도에 가마 두 채가 조용히 이쪽을 향해서 오고 있었다. 저 가마는 어디로 가는 것일까 지켜보고 있자니 점점 집 쪽으로 가까이 와서 결국 집 대문에서 내렸다. 불쌍한 우리 아들이 무사히 돌아온 것인가 해서 달려 나갔는데 생각지도 못했던 상복을 입은 절세미인 한 사람이 눈물이 아직 마르지 않은 채 가마 문을 밀고 나와서 깊이 예를 갖추었다. 이어서 미인의 형제 같은 젊은 사람이 말에서 내려 무척 정중하게 예를 갖추었다. 어머니는 자세한 것은 모르지만 안으로 안내하여 대면하고는 일의 전후를 듣고 각오했다고는 해도 마음이 아파 창자가 끊어지는 듯 했다.

그렇지만 정절을 지킨 몹시 아름다운 미인이 며느리라고 하면서 자신을 어머니라고 부르는 것에는 적지 않게 위안을 받았다. 들판에서 장송을 정중하게 끝내고 이번에는 늙고 젊은 과부 네 사람이 한집에 살면서 죽은 남편의 명복을 빌었다.

전세의 맺어짐은 깊은 것인가 보다. 하룻밤의 정은 열매를 맺어 어린 부인은 그 달부터 몸이 무거워졌다. 우담화優曇華[6]의 꽃이 피어난 것과 같이 일가의 기쁨은 무엇과도 비할 바 없었다. 어머니는 물론 형수 두 사람도 마음을 다해 보살펴서, 몸이 무거워진 것을 알게 된 그날 밤부터 세 사람은 반드시 번갈아 가면서 임산부와 함께 자고 어머니는 자신의 목숨을 줄여서라도 안산하게 해달라고 신들에게 기도했다. 무사히 열 달이 흘러가서 어느 날 저녁, 상서로운 구름이 집을 감싸고 이에 첫 울음소리 우렁차게 남자아이가 하나 태어났다. 벌써 다 태어난 것인가 생각하자 이어서 또 한 사람의 남자아이, 이어서 다시 또 한 남자아이. 신기하게도 남자아이 세쌍둥이를 낳았다. 드디어 상묘相墓 노인의 예언이 맞아 떨어진 것이다. 급히 시골에 있는 어린 부인의 집에 고하고 그녀의 아버지도 급히 올라와서 조용히 남자아이를 관상觀相하니 실로 당당한 부귀의 신비한 상相이 감돌았다.

"이 아이들은 역시 보통 사람이 아니다. 여자들뿐인 이 집에서 양육하면 불안하다. 내가 데려가서 교육시켜 훌륭한 명사名士로 키우겠다."

고 했다. 이로부터 곁에 두고 가르치고 길렀다. 세 아이 모두 총명함이 그지없어 하나를 들으면 열을 알았다. 결국 용문龍門에 올라 고관高官을 역임하고 서로 뒤를 이어 재상이 되었다고 한다.

(一) 풍수風水⋯⋯⋯묘소의 길흉을 판단하는 술수로 한어韓語로 이를 지술地術이라고 한다. 아마도 지나支那에서 수입된 것일 것이다. 필원잡기筆苑雜記에는 후한後漢의 청오자靑烏子가 시작한 것이라 되어 있다. 그 미신이 굉장히 번성하여 가령, 지술가가 선정한 곳이라면 금장지禁葬地 이외라면 어디에 묘를 만들어도 국법이 이를

---

6 인도의 전설에 나오는 꽃. 삼천 년에 한 번씩 꽃이 핀다는 것으로, 이 꽃이 필 때에는 금륜명왕金輪明王이 나타난다 함.

금지할 수 없었다. 길 중앙이라도 타인의 전답 한가운데라 할지라도 누구도 이를 거부할 수 없었다. 경성 부근이나 개성 등의 분묘에 대해서 조사해 보았는데, 풍수가가 상정하는 좋은 묏자리에는 대체적으로 일정한 형식이 있는 것 같다. 즉, 모든 산 중턱을 약간 평탄하게 해서 이를 짓고 반드시 남쪽 면을 향하게 한다. 가장 좋은 장소는 물이 그 산을 끼고 전방에 흐르고 동남쪽에서 만나서 다시 동쪽으로 흘러야 한다. 동쪽 기슭의 물을 주수主水, 서쪽을 객수客水라고 한다. 그래서 풍수가는 항상 산을 넘고 물을 건너 그러한 묘지를 조사해서 그 첩부帖簿에 기입해 둔다. 사람들의 의뢰에 응해 이를 교시敎示하는 것이다. 지난 해 핫토리服部 박사의 지나의 풍수설에 관련된 기사를 보니 그 형식이 거의 닮은 것을 알았고 틀림없이 조선의 풍수가 지나에서 근원한 것임을 확실히 알게 되었다. 그렇지만 근래는 점차 이 미신이 쇠퇴하고 있는 것 같다.

고래로 조선의 남녀 간의 도덕은 여자의 정조만을 혹독하게 강요하고 남자의 정조는 묻는 일이 없다. 그래서 여자는 일단 결발結髮하고 타인과 약혼하면 이미 그 사람의 부인으로 낙인 찍혀 약혼자가 불행하게 요절하면 바로 과부가 되어 죽을 때까지 엄하게 정조를 강요당한다. 만약 정조를 더럽혔을 때에는 동시에 자기 몸을 진흙탕에 던진 사람처럼 되어 창부가 되거나 종이 되는 것 외에는 방도가 없다. 그래서 옛날 양반 집의 여자의 교육은 매우 엄격하며 심하게 여자의 덕을 권면하는 것 같다.

남편이 벼슬길로 고향을 떠나는 경우에는 부인은 남편을 대신

해 가사를 돌보고 시부모에게 효도하는 것을 의무로 하기에 남편과 동행할 수 없다. 그래서 당연한 요구로 여러 곳의 기생인 첩의 후보자를 만들어 남자의 여정을 위로하는 것으로 되어 있다. 각 감사부監司府는 물론 각 군읍에도 역시 관기官妓가 있어서 그 지역의 고관이 자유롭게 유희할 수 있도록 동원됨은 물론 내빈을 대우함에도 소홀함이 없도록 하는 수단이 되었다. 따라서 도읍의 관청 유력자가 지방을 순유할 때는 도처에서 그 지방의 명기를 자유롭게 희롱하며, 기생과 사랑에 빠진 자는 이별의 괴로움이 마치 손가락을 자르는 것보다 아프고, 사랑스러워서 기생을 말 등에 안고 타서 이틀이나 사흘 정도 여행하고 심지어는 결국 산 짐으로 경성에 데리고 돌아와 일생 동안 첩으로 한다. 여자로서는 하루아침에 고귀한 신분이 되는 셈이다. 때문에 경관京官의 지방 순회의 정무를 황폐하게 하고 또 지방 관리를 방탕하게 하는 폐해가 적지 않았다. 그래서 이조 세종世宗조의 일이라고 기억하는데 주읍州邑의 창기를 혁파革罷하고자 하는 논의가 있었다. 당시 이름난 재상 허문경許文敬 공은 여러 사람 가운데 홀로 이에 반대하여

"누가 우론愚論을 하는고. 남녀관계란 인간의 큰 욕구로 금할 수 있는 것이 아니다. 주읍 창기는 모두 공가의 것으로 이를 취함에 있어 거리낄 것이 없다. 만약 이를 엄금한다면 젊은 나이로 봉사奉使하는 조정의 관리가 모두 비합법적으로 여염집 여자를 탈취하여 많은 영웅준걸英雄俊傑이 형벌에 처해지게 된다."

라고 하여 결국 이 논의는 유야무야되었다. 그중에서도 평양은 경성 다음가는 대부大府로 그 재산 또한 지방에서 으뜸이다. 그래

서 이곳에 관유하는 경성 관리는 그 수입이 특히 많고 따라서 기생에게 요구하는 바도 높아서 재색겸비를 필요로 한다. 이것이 평양 기생의 명성이 드높은 연유이다.

완역 조선이야기집과 속담

6. 사시에 관을 내려 오시에 발복하다巳時下棺午時發福

　옛날 옛날에 가난한 노총각이 있었는데, 노모가 죽어 장사를 지내려고
해도 돈도 없고 또 풍수선생에게 묏자리를 부탁할 재산도 없었다. 아무리
생각해도 방법을 못 찾아 훌쩍 집을 나서 한 주막에 가서 그곳에서 잠들어
버렸다. 잠꼬대로 끊임없이 자신의 신세의 한심함을 슬퍼하고
　"서른이 되어 아직 가정을 이루지도 못했는데 어머니가 벌써 돌아가시
고, 이를 장사지낼 곳도 정해지지 않았다."
고 한탄했다. 옆방의 한 노인이 잠꼬대를 듣고 대단히 불쌍히 여겼다. 그가
잠에서 깬 뒤
　"당신이 어젯밤 이러이러한 탄식을 했소. 그것은 누구의 신세를 한탄한
것이오?"
라고 물었다. 그 머리를 긁적이면서 방법이 떠오르지 않아 잠든 사이에
꿈속에서도 신세를 한탄한 것을 깨닫고 자신의 불운을 털어 놓았다. 노인
은 이를 듣고
　"그것 참 안타까운 이야기요. 나는 풍수선생이오. 당신에게 상서로운
조짐이 있는(發祥) 묘소를 알려 주겠소."

하고 장소를 알려주며

"당신이 그곳으로 돌아가신 어머니의 묘소를 정하면, 사시巳時[1]에 관을 내리고 오시午時[2]에 반드시 상서로운 일이 일어날 것이오. 대지를 때리는 망치는 빗나갈 수 있어도[3] 나의 말은 절대로 빗나가지 않을 것이오. 꿈에서조차 의심해서는 안 되오."

라고 단단히 주의를 주었다.

그는 가르침을 받고 꿈에서 깬 것 같이 몇 번이고 거듭 절하고(三拜九拜) 은혜에 감사했다. 서둘러 친족과 친구들에게 돌아가며 부탁해서 드디어 장례식에 쓸 돈을 모아, 사시 정각에 무사히 관을 내렸다. 이윽고 오시가 되었을 무렵, 저쪽에서 용모가 무척 뛰어난 한 부인이 겨드랑이에 부드러운 비단 보자기를 끼고 숨 가쁘게 헐떡거리면서 시퍼렇게 질린 안색으로 달려와서는 그에게 매달리며

"뒤에서 나의 적이 쫓아오니, 어디가 되었든 숨겨 주십시오."

라고 부탁했다. 그는 사정을 물을 틈도 없이 돌아가신 어머니를 모셔온 상여 안에 숨겨 주었다. 얼마 되지 않아 한 사람의 장부가 준마를 타고 서슬이 퍼런 칼을 쥐고, 창백하여 대단히 흥분된 안색으로 그에게 다가와서

"방금 여기에 이러이러한 부인이 오지 않았소?"

하고 물었다. 그는 실제로 온 저쪽을 손가락으로 가리키면서 뒤도 돌아보지도 않고 달려가 버렸다고 거짓말했다. 장사壯士가 고맙다고 예를 표하

1 오전 9시~11시.
2 오전 11시~오후 1시.
3 일본의 속담 '대지에 망치(大地に槌)'를 이용한 표현. 대지에 망치질을 하는 마찬가지로 빗나가지 않고 확실하다는 의미. 여기에서는 이 표현을 이용하여 더욱더 확실함을 강조하고 있음.

54

고 채찍을 휘둘러 한달음에 달려 사라졌다. 그림자조차 보이지 않게 되었을 때 부인은 상여 속에서 나와 정중하게 재생再生의 은혜를 감사하며 말하기를

"첩은 원래 저 남자의 처입니다. 함께 산 지 이미 여러 해로 그의 성질이 잔인하고 박정스러울 뿐 아니라, 정업正業에 종사하지 않고 밤낮으로 술에 빠져 취해 돌아와서는 첩을 때렸습니다. 몇 번인가 호랑이굴에서 도망치려 했었으나 다시 잡혀 버리고는 했는데, 이번에야말로 은인의 도움을 받아 구원받았습니다. 첩은 이제 삼계三界[4]의 집 잃은 자로 부탁하건데 은인께서 첩을 데려가 비첩婢妾으로 삼아 주옵소서. 이곳에 가지고 온 보자기는 모두 귀한 보물로 매우 가치가 있는 것입니다. 넉넉하게 당신이 일생을 편하게 보내는 데에 부족함이 없을 것입니다."

라고 했다. 그는 우연히 하늘이 내린 홍복을 얻어 일생을 꽃과 같은 부인과 근심 걱정 없이 보냈다고 한다.

---

4 천계天界 지계地界 인계人界. 곧 하늘, 사람, 땅의 세 세계를 이르는 말.

완역 조선이야기집과 속담

7. 대구를 지어 죽다 살아나다_{得對句半死}

옛날 옛날에 어설픈 학식을 가진 양반이 있었다. 솜씨 좋은 중매쟁이(良媒)^(一)를 통해서 재색겸비로 이름난 한 숙녀와 약혼하고, 납폐納幣¹도 무사히 마치고 드디어 신랑이 호랑이 가죽을 씌운 가마를 타고 신부의 집으로 가서 의식의 주연酒宴도 끝내고 신방에서 첫날밤을 보내게 되었다. 새 신부는 등을 돌리고는 마음을 터놓으려 하지 않고 도리어

"당신께서 이 한 구에 대구를 짓는다면 그때부터 제 지아비로서 인연을 맺겠사옵니다."

라고 하며 연한 묵으로 기품 있게 쓴 필체를 보니

'백구비비 파만경 사십리 白鷗飛飛 波萬頃 砂十里.'

라고 되어 있었다. 신랑은 뜻밖의 난제를 앞에 두고 갑자기 대구 같은 것을 지을 리 만무했다. 보물 산에 들어가 놓고 아무 수확도 없이 맨손으로 돌아오는 아쉬움은 있지만 움직이지 않는 바위를 굴릴 수는 없는 노릇이었다. 신랑은

---

1 전통傳統 혼례婚禮에서, 신랑新郎 집에서 신부新婦 집으로 혼서지와 폐백幣帛을 함에 담아 보내는 일.

"한층 마음을 다해 학문을 해서 훌륭하게 이 구의 대구를 찾아내서 그 후에 다시 당신의 얼굴을 마주하겠소."

라고 말하고 분연히 산사山寺^(一)에 들어가서 열심히 공부했다.

면학에 힘쓰는 세월이 쌓이고 쌓여 학문을 깊이 연구한 보람이 헛되지 않았다. 드디어 자신이 생각해도 절묘한 대구를 생각해 냈으니, 그 구는

'두견제제 월삼경 화일지 杜鵑啼啼 月三更 花一枝.'

였다. 생각해 냈다는 기쁨에 '잘됐다.' 하고 자기도 모르게 무릎을 치며 희색이 만연했다. 그때 같은 산사에서 그와 책상을 나란히 하고 면학하던 그의 외종사촌이 있었다. 그의 놀람과 기쁨이 더할 나위 없음을 보고 그 까닭을 물었다. 그는 말하기도 쑥스러워 어떻게든 얼버무리려 했지만 매우 집요하게 물어댔기에 어쩔 수 없이 그 이유를 털어놓았다. 이 자는 매우 속이 검은 악한으로 평소 세간의 소문으로 그의 새 부인의 용모가 절세미인이라는 것을 듣고 있었다. 이에 문득 간계를 꾸며 곤봉으로 갑자기 그를 난타해서 반사 상태로 만들고 마루를 뜯어서 그를 안으로 차 넣었다. 그날 밤 즉시 새 부인의 문을 두드려 오늘 밤 드디어 대구를 생각해 냈으니 이 문을 열라고 불렀다. 새 부인이 내방內房에서 듣고 있자니, 밤이 깊은 한밤중이어서 서방이 찾아올 시간이 아니라 이상했다. 목소리마저 조금 닮지 않은 부분이 있었기에 우선 안에서

"그렇다면 어떻게 이어 지으셨소?"라고 물어 보자

그는 낭랑하게

"두견제제 월삼경 화일지 杜鵑啼啼 月三更 花一枝."

라고 읊었다. 이를 듣고 그녀는

'이 구의 기상은 굉장히 비애에 젖어 있고 처량하다. 두견새의 울음소리

는 사별死別을 원망하는 것이 아니고 생이별을 슬퍼하기 때문이다. 월삼경
月三更이라 했으니 밤이 깊어 암흑과 같다. 밤이 깊었기에 음기가 극에 달한
다. 이 시를 지은 사람은 음기가 왕성하고 양기가 없으니 생명을 부지하고
있는지도 확실하지 않다. 그렇지만 결미結尾가 화일지花一枝라고 되어 있는
바, 꽃은 양기를 발하니 결말 또한 양기가 있는 셈이 되고 그렇다면 아직
완전히 죽지는 않았을 터이다. 아마도 반죽음 상태에 있을 것이다. 아무튼
지금 온 남자는 내 지아비가 아닌 것 같다.'
라고 생각하고는 하인에게 명해 뒷문으로 돌아나가 정문에 서서 문을 열기
를 기다리는 악한을 잡으라 했다. 정말 자신의 지아비가 아니었다. 모질게
고문해서 겨우 자백을 받아 사람을 시켜 산사로 달려가서 지아비를 구해
냈다.

(一) 매파良媒………조선의 결혼은 남녀의 맞선 등이 있을 리 없다.
그렇다면 어떻게 해서 이즈모出雲[2] 신의 가교를 얻는 것인가 하면
대부분 매파媒婆라고 하는 중개인의 힘에 기대게 된다. 이 노파는
항상 양가良家의 내방에 출입하면서 그 자녀를 숙지하여 어디에
혼기가 된 여자가 있고 용모는 이러하고 재예才藝는 이러하다는
등을 일일이 기억하고 기회를 보아 말을 꺼낸다. 그러면 '그 여자
를 자기 자식의 부인으로 들이고 싶다.', '그 남자에게 우리 딸을

---

2 이즈모 대사出雲大社에서 모시는 신은 예부터 신중의 신이라고 전해지는 오쿠니누시노미코
토大国主命이다. 그 이전에는 일본 건국신화의 주인공이자, 태양의 여신인 아마테라스오미
카미天照大神의 후손인 스사노오노미코토須佐之男命를 모셨다. 특히 오쿠니누시노미코토는
인연을 맺어 주는 신으로 유명하다. 다른 신사와는 달리 여기서 참배할 때는 손뼉을 4번
치는데, 2번은 자신을 위한 것이고 나머지 2번은 미래의 연인을 위한 것이라고 한다.

주고 싶다.' 하고 대개 문벌이 비슷한 가문끼리 세세한 것을 매파에게 털어놓으면 매파는 이를 받아들여서 양쪽에 부탁하는 교섭의 임무를 맡아 다소의 기교를 부려 어쨌든 원만하게 연결시키는 것을 공적으로 삼았다. 그래서 매파의 매작媒酌에는 누누이 마마媽媽 자국을 보조개라고 지어내 말하기도 한다. 상류사회에서는 도리어 이를 천하게 여겼다. 대개는 봄 숲에 매화가 있으면 그 향기가 자연이 발산되는 것 같이 안팎으로 제 아무리 엄중히 규제한다 해도 자연스럽게 어디의 누구는 재주가 어떻고 용모가 어떻고 하는 평판이 세간에 새어 나가면, 이를 근거로 자녀의 양친이 직접 상대 자녀와 만나서 마음에 들면, 더 나아가 그 양친에게 교섭해서 이에 약혼하는 것을 상법常法으로 했다. 이 나라의 풍습은 결혼은 있지만 이혼은 없다. 따라서 부인이 아무리 학대를 받는다고 해도 다시 친가에 돌아가는 법은 없다. 울면서 자진自盡한다 해도 도와주는 일이 없다. 따라서 처의 집안은 비위를 맞추지 않으면 안되었다. 결혼 후에도 항시 의류를 공물로 보내기 급급해서 남편 집안으로부터 노여움을 사지 않기 위해 노력한다. 조선 부인의 처지는 가련하기 짝이 없다. 이제는 점차 새로운 공기가 조선 가정에도 불고 있다. 머지않아 옛 관습을 타파하는 기운으로 인해 가정의 혁명이 일어날 것이리라.

(二) 산사山寺………조선에 조혼의 폐단이 있음은 앞에서 이미 서술했다. 위생 사상이 발달하지 않은 미개 사회의 연소자가 부모의 허락으로 결혼하게 되면 자연히 난잡하게 흘러가 학업이 황폐해지는

일은 피할 수 없었다. 이를 방지하려는 수단이었는지 이 나라에는 예로부터 양반 자제는 결혼을 하건 안 하건 산사에 살면서 독거 생활을 시작해 송풍松風에 귀를 씻고 계곡물로 입을 헹구며 성욕을 일시적으로 잊고 한결같이 학업에 전념해서 근면하게 생활하는 풍습이 있다. 기간은 길게는 수년이고, 짧더라도 만 일 년이다. 학업이 대강 완성되어 과거에 응시할 수 있다고 생각되는 때에 산을 나와 이에 처음으로 가정을 꾸리게 된다. 그렇지만 산사에는 또한 어린 동자(稚童)가 있어 용양龍陽[3]의 도가 굉장히 번성했다고도 한다.

---

3 남성들 사이의 동성연애를 의미하는 남색男色의 다른 말. 중국 전국戰國 시대 위왕魏王이 동성애로 총애하던 신하를 용양군龍陽君이라 일컬은 고사故事에서 유래되었음.

완역 조선이야기집과 속담

8. 말하는 남생이 解語龜

옛날 옛날에 아버지를 일찍 여읜 두 형제가 있었다. 형은 성질이 매우 욕심이 많아, 아버지의 유산을 전부 혼자 차지하고 동생에게는 쌀겨 한 홉도 주지 않았다. 게다가 어머니를 비롯해 다른 동생들까지 유족은 전부 동생에게 떠넘기고, 마음 맞는 부인과 자기들끼리 제멋대로 생활하며, "내 동생은 바보다."라고 자랑했다. 이러하니 동생이 빈궁한 것은 말로 다할 수 없었다. 낮에는 종일 낙엽 긁기, 밤에는 내내 새끼 꼬기를 하며 죽을힘을 다해 벌어도 가난에 쫓겨 연중 배부르게 먹을 수 있는 날은 드물었다. 그렇지만 역시 마음이 착해서

'나는 안 먹어도 어머니와 동생들을 거두고 먹이니 이것도 박복한 내 운명이다.'

라고 포기하고, 조금도 형을 원망하려 하지 않았다.

한창 가을인 어느 날, 낙엽이 쉼 없이 떨어질 무렵, 낡은 갈퀴로 낙엽을 그러모으며 산길을 따라 낙엽을 치우고 있는데, 우연히 졸참나무 열매 하나가 떨어졌다. '떫기는 해도 먹을 수 있으면 먹어야지.' 하고 주웠다.

"이건 우리 어머니 드려야지."

하며 혼잣말을 했더니 신기하게도 졸참나무 밑동에 아주 조그마한 남생이[1]
가 웅크리고 있어, 마찬가지로

　"이건 우리 어머니 드려야지."

하고 말을 따라한다. 하나를 주웠더니 또 하나가 떨어진다.

　"이건 우리 누나 드려야지."

하며 주워 들었더니, 남생이도 똑같이

　"이건 우리 누나 드려야지."

하고 말한다. 또 하나가 떨어진다.

　"이건 우리 남동생 줘야지."

하며 주웠더니, 남생이도 똑같이

　"우리 남동생 줘야지."

하고 따라한다. 또 하나.

　"이건 우리 여동생 줘야지."

하며 줍는다. 또 하나.

　"이건 우리 아내 줘야지." 또 하나.

　"우리 아이 줘야지."

한다. 또 하나.

　"이건 내가 먹어야지."

하며 주워 든다. 그럴 때마다 남생이도 똑같이 따라서 말한다. 다 합해
7개의 졸참나무 열매를 주워 소매에 넣었다.

---

1 원문에는 '亀' 즉 '거북이'를 의미하나 한국에서는 거북이가 아니라 남생이 설화로 되어
있음. 남생이는 거북과 비슷하나 작으며, 등은 진한 갈색의 딱지로 되어 있고 네발에는
각각 다섯 개의 발가락이 있는데 발가락 사이에는 물갈퀴가 있음. 냇가나 연못에 사는데
한국, 일본, 중국 등지에 분포함.

'남생이도 매우 재미있는 녀석이니, 데려가 사람들에게도 보여 줘야지.'
하고 품에 넣어 산길을 내려와 마을로 가서, 목소리를 높여

"말하는 남생이를 보지 않겠소? 말하는 남생이를 보지 않겠소?"

하고 외쳤다. 많은 마을사람들이 '정말로 이상한 말을 하네.' 하고 모여들자
그는 곧 남생이를 꺼내,

"이건 우리 어머니 드려야지."

하고 말했더니 남생이도 역시 입을 열고, "이건 우리 어머니 드려야지" 하고
말을 따라한다. "이건 우리 여동생 줘야지." 하고 말하면 남생이도 똑같이
"이건 우리 여동생 줘야지." 하고 말한다. 앵무새가 말을 따라하는 것과
조금도 다르지 않다. 신기한 것을 좋아하는 조선인의 특색, 때(一)에 구애받
지 않고 노는 것도 이 나라의 국민성이기에, "뭐가 있어? 뭐가 있어?" 하며
마구 몰려와 모두들

"오늘은 참 신기하고 재미나는 걸 보는구나. 그쪽도 가난하니 구경 값으
로 적은 돈이라도 줘야지."

하면서 누가 먼저랄 것도 없이 돈을 던져 주니, 이내 적지 않은 돈이 모였
다. 동생은 '오늘은 길일이로구나.' 하며 남생이를 소중하게 감싸 안고 집으
로 돌아왔다.

이후 동생은 때때로 사람들이 청할 때마다 남생이에게 말을 시켜서 볼거
리로 삼아, 식량이 조금은 궁핍하지 않게 되었다.

이것을 들은 심술궂은 형이, 어느 날 동생에게

"자네는 요즘 꽤 형편이 좋다고 들었네. 무슨 덕으로 갑자기 그렇게 부유
해졌는가?"

하고 물었다. 동생이 정직하게 말하는 남생이를 얻었다고 보여 주었더니,

형은 그러면 그 남생이 나에게 빌려 달라, 나도 조금 덕이 붙을 것이다한다. 남생이를 빌린 형은 마을을 돌아다니며,

"말하는 남생이를 보시오, 말하는 남생이를 보시오."

하고 외쳤다. 모두들 '요즘은 오랫동안 남생이 목소리를 듣지 못했으니'하며 불러 세워서 드디어 들으려고 하자, 이것은 또 어찌 된 일인지 형이아무리 목소리를 높여

"이것은 어머니께, 이것은 남동생에게."

하며 큰 소리를 쳐도 남생이는 전혀 안 들리는 척 하며, 목을 집어넣고자는 듯했다. 모여든 사람들은

"이 거짓말쟁이 녀석 때문에 시간만 허비했네, 에이 화난다."

라고 하며 손으로 때리고, 발로 차고, 침을 뱉거나 했다. 그는 기어서 기어서 도망쳐 돌아왔다.

형은 자신의 탐욕은 뒤돌아보지 않고, '괘씸한 남생이'라며 돌로 때려죽였다. 동생은 형이 좀처럼 소중한 남생이를 돌려주지 않자, 어찌 된 일인가 싶어 남생이를 찾으러 왔다. 형의 노여움이 대단한지라 어떻게 해 보지도 못하고, 울면서 남생이의 시체를 주워 모아 마당 구석에 묻어 남생이무덤으로 하고, 아침저녁으로 꽃과 물을 주었다. 그랬더니 갑자기 무덤한가운데에서 나무 한 줄기가 싹터, 엄청난 기세로 나날이 자랐다. 자라고자라서 결국에는 가지 끝이 구름위로 올라가, 흡사 천국의 국고國庫의 지반을 뚫어 버렸는지, 매일 밤마다 줄기를 타고 내려오는 금화와 은화가 멈추지 않아 마당에 가득 차고 집에 가득 차니, 창고를 만들어도 창고에 가득차서 퍼마셔도 줄지 않는 샘물처럼 아무리 써도 줄지 않았다. 동생은 금세그 지방에서 제일가는 큰 부자가 되었다. 성질이 고약한 형은 벼락부자가

된 동생을 너무나도 질투한 나머지, 어느 날 동생의 마당의 보물나무의 굵직한 가지 하나를 받아와 자신의 정원에 심었다. 이 가지는 잘 뿌리내려 순식간에 하늘에 닿았다.

"잘 됐구나. 내일쯤이면 보물의 비가 내리겠지. 아내도 오고, 아이들도 오너라."

라고 하며, 3일 밤낮으로 잠도 안 자고 계속 지켰다. 이 나무도 천국에 도달하기는 했으나. 천국의 공동변소의 분뇨 통을 꿰뚫었던지, 색깔은 금처럼 누렇지만 끊임없이 쏟아져 내린 것은 누런 똥의 비, 누런 똥의 눈이었다. 마당을 가득 채우고, 집 전체를 가득 채워 버리니 한 치의 앉을 공간도 자리도 없다. 가족들은 울면서 기어서 기어서 동생의 집으로 도망치니, 동생은 착하게도 이를 불쌍히 여겨 새로 집을 지어 주고 살게 하였다고 한다.

(一) 때에 구애받지 않는 한인………서양인은 동양인의 시간관념이 부족하고 느긋한 것에 언제나 깜짝 놀란다고 한다. 동양에서 문명국이라 믿는 우리 일본인도 이 점에서는 확실히 서양인에 뒤지지 않는다고 말할 수 없다. 하물며 동양의 고풍을 이천 년에 걸쳐 유지하고 있는 이 나라의 인민은 부모가 임종을 가까이하여도 술잔을 손에서 떼려고 하지 않는다. 그저 느긋하게 생활하고 한가하게 하루를 보낸다. 긴 담뱃대의 길이, 얼굴의 길이와 느긋함은 정비례했다. 그러나 도시와 시골을 막론하고 만약 신기한 볼거리가 있을 때는 오고가는 사람들은 물론, 경작하던 농부, 물건 팔던 상인 또는 일하던 공인工人, 중요한 용무가 있는 하인까지, 구름처럼

몰려와 더할 나위 없이 흥미롭게 구경하고, 쾌연히 해가 지는 것을 서운해한다. 느긋함이 긴 다리의 길이보다 길고 신기한 것을 좋아하는 것은 쉬파리가 밥알에 몰려드는 것보다도 그 정도가 심하다. 이것이야말로 달력이 없는 인민들이라고 할 것이다.

9. 도깨비가 금은 방망이를 잃어버리다鬼失金銀棒

옛날 옛날에 어느 산골마을에 매우 가난하지만 정직한 할아버지가 있었다. 어느 날 산에 나무를 하러 갔는데, 떡갈나무에서 열매 하나가 떨어지자

"이건 우리 어머니 드려야지."

하고 혼잣말을 하며 주웠다. 또 하나 열매가 떨어지자

"이건 우리 동생 줘야지."

하고 주웠다. 또 하나 떨어지자,

"이건 우리 아내 줘야지."

하고 주웠다. 또 하나 떨어지자

"이건 우리 애 줘야지."

또 하나 떨어지자

"이건 내가 먹어야지."

하고 주워 들었다. 때는 이미 해는 서산으로 저물어 가고, 장작을 짊어지고 집으로 돌아가는데, 가는 도중 해가 완전히 저물어 버렸다. 노숙을 해야 하나 하고 곤란해하고 있었더니 문득 길가에 다 기울어 가는 큰 문이 있는 집을 발견하고, '이거 잘됐다.' 하고 안으로 들어가 보니 거친 풀이 정원

안에 가득하고 벌레소리가 크게 들려, 이미 오래 전부터 사람이 살지 않은 듯했다. 집에 들어가 보니 깊숙한 곳에 또 한 층의 다락이 있었다. '여기야 말로 안성맞춤이다.' 하고 다락에 올라가 자려고 했다.

밤이슬이 서서히 차가워질 무렵부터 아래층의 큰 방이 갑자기 소란스러워졌다. 귀를 기울이고 들어 보니 이 근처의 도깨비들이 다 모여, 무거운 방망이를 가지고 각자 제멋대로 바닥을 두드리며, "금 나와라. 은 나와라." 하고 큰 소리로 떠들어 대고 있었다. 너무나도 소란스러워서 할아버지는 잠을 청할 수도 없었다. 특히 이런 상황에 도깨비들과 한집에 있으면 언제 어떤 일이 일어날지 모른다고 생각하니 그 무서움은 이루 말로 표현할 수 없었다. 자기도 모르는 사이에 어느새 무릎이 떨리기 시작했다. 할아버지는 한 가지 꾀를 내서, 아까 주운 떡갈나무 열매를 하나 꺼내어 힘을 다해 깨물었더니, 고요한 밤에 탁 하는 소리가 크게 울려 퍼졌다. 도깨비들은 놀라서 소란을 피우며, "아아, 낡은 이 높은 다락이 무너질 모양이네." 하고 각자 앞을 다투어 도망쳤다. 할아버지가 잘됐다 싶어 살며시 내려와 보았더니, 어둠 속에서도 알 수 있는 은방망이, 금방망이가 잔뜩 놓여 있었다. 할아버지는 '운이 좋구나.' 하고 전부 주워 장작 대신 이것을 메고, '오늘은 나뭇짐이 아니라 은짐 금짐이네.' 하고 기뻐하며 시장에 팔아 거액의 부를 얻었다.

이웃집의 욕심쟁이 할아버지가 이 이야기를 듣고 '나도 부자가 돼야지.' 하고 역시 그 산에 가서 그 떡갈나무 밑에서 떡갈나무 열매가 언제 떨어지나 기다리고 있자, 과연 한 개가 떨어졌다. 재빨리 주워서 "이건 내가 먹어야지." 하고 혼잣말했다. 다음으로 또 하나 떨어진 것을 "이건 우리 애 줘야지." 하고 줍는다. 또 하나 떨어진 것을 "이건 우리 아내 줘야지." 하고 줍는다. 또 하나 떨어진 것은 "이건 우리 동생 줘야지." 하고 줍는다. 또 하나 떨어진 것은 "이건 우리 어머니 드려야지." 하고 줍는다. 일부러 해가 저물도록 천천히 걸어, 조금 이른 시간이지만 그 쓰러져 가는 집의 높은 다락에 올라가 도깨비들이 언제 오나 기다리고 있었다. 과연 한밤중도 되기 전에, 예의 도깨비들이 무거운 방망이로 바닥을 두드리며 소란스럽게 "금이야! 은이야!" 하며 큰 소리로 떠들어 댔다. 때는 이때다 하고 큰 떡갈나무 열매를 탁 소리가 나도록 깨물었다. 도깨비들이 듣고 도망칠 것이라 생각했는데, 그중 하나가

"아아, 이상하다. 오늘 밤도 요 전날 밤의 이상한 소리가 나네."

하고 말했다. 그러자 다른 하나가

"사람 냄새가 난다, 사람 냄새가 난다. 인간이 있는 게 틀림없어. 또 다시 우리를 속이고 금방망이 은방망이를 뺏어 가려고 하는 간계인 듯하다. 이번에는 붙잡을 테다."

하며 집안을 구석구석 찾아다녔다. 그리고 다락에서 서성이고 있는 할아버지를 붙잡아, 금방망이 은방망이로 가릴 곳 없이 마구 때리니, 뼈가 꺾이는 아픔에 그저 울고불고 할 뿐이었다. 그러는 사이 새벽이 가까워지자, 도깨비들도 두 번 다시 오지 말라고 욕을 퍼부으며 감쪽같이 사라졌다. 할아버지는 겨우 목숨만을 건져 아픈 허리를 펴고 일어섰더니, 얼마나 심하게 맞았는지 키가 늘어났고 늘어난 키가 어제의 배도 넘어, 문이 낮아 쉽게 나갈 수 없었다. 겨우 마을 가까이 왔더니, 안 보려고 해도 다른 사람의 집들 주위의 담을 넘겨다 보게 되어 내방內房$^{(一)}$의 모습까지 손에 잡힐 듯이 내려다보였다. 그러자 집 주인들이

"이런 고얀 놈. 어디에서 굴러온 키 큰 도적이 남의 집의 담을 넘어다보

느냐, 맛 좀 봐라."

하면서 각자 곤봉을 가지고 와 실컷 때렸다. 두 번의 심한 타격에 숨이 다 끊어지게 생겨 한심한 그간의 사정을 고백했고, 겨우 용서를 받을 수 있었다고 한다.

(一) 내방內房………남녀의 구별이 엄중한 조선에서는 극단적으로 표면상 남자가 여자의 공간을 범하는 행동은 금하고 있다. 예를 들어 변소 같은 것도 내방 전용의 변소와 남자 전용의 것이 있어, 철없는 어린아이 외의 남자는 결코 내방의 변소에 들어가서는 안 된다. 만약 고의 또는 과실로 들어간다면 실로 염치없는 행위로, 사회의 질서를 문란하게 한 것이다. 그러므로 남자는 내방 전체를 보아서는 안 되는 세계로 규정하고, 절대로 보려고 해서는 안 되는 것이다. 또 남자의 방과 내방 사이는 흙담으로 막혀 있어 어지간해서는 쉽게 엿볼 수 없다. 지붕에 오르고 나무에 기어올라, 아니면 높은 곳에 오르거나 해서, 다른 집의 내방을 내려다보는 자가 있을 시는 이를 도적이라 간주해도 국법이 이를 허용하고 도적의 증거의 유무와 상관없이 이를 처벌할 수 있다. 그런데 일본인 중에 거리낌 없이 내방의 모습을 엿보려고 하는 무리가 있다. 한인은 이것에 분노해도 같은 국민처럼 공공연하게 벌을 주지는 못한다. 화를 내며 왜놈은 예의를 모른다고 분개한다. 이는 일본인의 잘못으로 이러한 작은 일이 일본인과 한인 간의 융화에 자주 악영향을 끼치고 있다는 사실은 개탄할 일이다.

10. 가짜 명인贋名人

옛날 옛날에 한양에 한 양반의 가정교사⁽⁻⁾로 과거에 낙제한(下第) 어설픈 학자가 있었다. 밤낮 방에 쓸쓸하게 있는 형영상조形影相弔[1]의 적적한 처지인지라, 우연히 양반의 하녀 중 외모가 수려한 한 명에게 눈독을 들이고, 선생의 신분을 망각하고 슬며시 마중물을 붓듯이 은근히 꾀어도 상대편은 그에 대응하지 않고, 일부러 서먹한 듯이 행동했다. 식사를 나르는데도 아무 말 없이 창을 열고, 아무 말 없이 식사를 차려 놓고, 미소 하나 띠지 않고 물러가니, 선생은 정말 이러지도 저러지도 못해 속을 태우고 있었다. 여자에게까지도 운이 변변치 않은 것인가 생각해도, 역시 경솔하게 소매를 잡아끌 수도 없어 세월만 보냈다. 어느 날 제자인 양반의 아들이 무언가 잘못을 해서 선생이 벌로 굵은 채찍으로 때리려고 했더니, 그 양반아들 천성이 진평陳平[2]과 같은 재능이 있었다. 치켜 올린 채찍 밑에서

"잠시 기다려 주세요, 선생님. 선생님이 이번에 한 번 때리는 것을 용서하

---

1 자기自己의 몸과 그림자가 서로 불쌍히 여긴다는 뜻으로, '몹시 외로움'을 일컫는 말.
2 중국 한대의 정치가. 처음에는 항우를 따랐으나 후에 유방을 섬겨 한나라 통일에 공을 세웠다. 좌승상이 되어, 여씨의 난 때에 주발周勃과 함께 이를 평정한 후 문제를 옹립하였음.

시면, 이 제자가 그 하녀를 선생님과 연결시켜 드리겠습니다. 감추지 마십시오, 선생님. 생각이 있으면 얼굴 표정에 드러난다고 하지 않았습니까."
라고 말했다. 선생은 갑자기 채찍도 떨어뜨릴 정도로 부끄러웠으나

"그렇다면 너는 어떤 수단으로 그 조신한 여자를 따르게 하려고 하느냐?"
라고 물었다. 제자는

"오늘 몰래 저의 아버지 밥상 위에 놓는 은 숟가락을 어떤 곳에 묻어 놓겠습니다. 그러면 그녀는 분명 당황하여 찾으러 돌아다닐 게 분명합니다. 그때 선생님을 점술의 명인이라고 귀띔해 주고 그녀로 하여금 선생님에게 은 숟가락이 어디에 있는지를 묻게 하는 겁니다. 그때부터는 선생님 생각대로 될 것입니다."
라고 말하여, 교묘하게 채찍을 피해 갔다.

이윽고 저녁 식사 준비를 하는데, 그녀가 갑자기 주인 노 양반의 은 숟가락을 잃어버렸고 아무리 찾아보아도 도무지 보이지 않았다. 아아, 엄한 우리 주인은 어떤 벌을 줄 것인가 하며, 슬픔에 정신을 차리지 못하고 당황하니, 이쪽으로 허둥지둥 저쪽으로 허둥지둥 반 미친 사람처럼 행동했다. 그 때 그 양반아들이 침착하고 여유 있게 들어와 미소를 띠며,

"너는 무슨 일로 당황하고 있느냐?"
하고 물었다. 그리고

"음, 너는 모르느냐. 저 별채에 계신 우리 스승님은 나라 안에서 소문이 난 점술의 명인이지. 서둘러 사실을 밝히고 부탁하라."
라고 알려 주었다. 그녀는 사사로운 것보다 당면한 문제가 시급하여[3] 오늘

---

3 원문에는 '배를 등으로 대신할 수 없다(背に腹はかえられぬ)'로 되어 있다. 당면한 큰일을 위해서는 딴 일에는 일절 마음을 쓸 수 없다는 뜻.

은 한껏 애교를 떨며,

"제발 선생님의 신묘한 점술로 은 숟가락이 있는 곳을 찾아 주십시오."

하고 거의 울면서 부탁했다. 그러자 선생은 가늘고 길게 연기를 뿜으며, 느릿느릿 긴 머리를 쓰다듬고,

"너무 쉽고도 쉬운 소원이오. 그렇지만 다른 사람의 소원을 들어 주어야만 자기 소원도 들어 주는 법."

이라 말하고 하녀를 가까이 끌어당겼다.

은 숟가락도 순조롭게 하녀의 손으로 돌아갔고, 선생도 평소의 소원을 이루고, 제자도 선생에게 은혜를 갚아 모든 것이 원만하게 끝났다. 그런데 그 때부터 입이 가벼운 하녀의 입을 통해 선생의 점술의 명성이 세간에 알려지기 시작하여, 소문이 퍼지고 퍼져 마침내 중원中原의 지나支那의 도읍까지 이르게 되었다.

때마침 중원의 대황제는 누군가에게 옥새를 도둑맞으셔서, 국내의 신의 뜻이 나타나는 점을 치는 사람(神易者) 모두를 모아 점을 치게 하였으나 결국 찾아내지 못했다. 힘들어 괴로워하고(困屯) 있는 사이, 우연히도 속방屬邦 조선에 뛰어난 점술가가 있다고 하는 것이 황제의 귀에 들어가기에 이르렀다. 그 자를 불러들이라는 명령을 내려, 칙사를 보내 극진하게 선생을 모셨다. 조선국왕도 실로 나라의 명예라며 기뻐하여, 장려하는 어교御敎⁽⁻⁾를 내려 주시기도 했고, 이에 행렬도 위풍당당하게 중원으로 여행길을 떠났다. 선생은 가짜 명성이 이렇게까지 퍼져 버리게 된 것을 알고는 내심 무서웠지만, 나 같은 불운한 자는 가령 30일 40일 동안만이라도 이렇게 영광스러운 자리에 있는 것이야말로 꿈만 같고 만족스럽다고 생각하여 조금도 근심을 얼굴에 드러내지 않았다. 참모관으로 그 영리한 양반집 아

들을 데리고, 이윽고 황제의 도읍에 이르렀다.

곧 황제를 알현하자, 과연 너는 찾아낼 수 있겠느냐는 황제의 칙언勅言이 있었다.

"소인 미약하지만 앞으로 한 달의 말미를 주시면, 맹세코 옥새를 찾아내겠습니다."

라고 맹세하고, 고운 용안을 뵙고 객사로 물러나 밤낮으로 후한 대접을 받으며 태연히 지내니 벌써 29일이 흘렀다. 과연 선생도 제자도 심히 걱정이 되어 이번에야말로 모두 포기하고 벌을 받아야 할 때[4]라며 각오하고 있었다. 그 무렵 겨울하늘의 찬바람이 거세고 날카로운(峭稜) 시기인지라 창문의 장지의 이음매에서 새어 들어온 바람은 풍지風紙(지나·조선의 특유한 바람을 막기 위해 창문의 장지의 이음매에 잘라서 남긴 종이 조각)를 흔들어 휴 휴 하고 이상한 소리를 낸다. 조용히 이불 위에 앉아 있던 선생은 기한이 내일로 다가왔음에도 오늘 지금 아무리 생각해도 달리 특별한 방도가 생각나지 않아 망연히 이 풍지를 바라보고 있다가, 자기도 모르게 '풍지, 풍지' 하며 두 번 중얼거렸다. 그러자 소리가 끝나기도 전에 한 남자가 창을 밀치고 구르듯이 실내로 들어와, 엎드려 고개를 숙이고 선생님 제발 용서해 주십시오 하고 엎드려 절하며,

"제가 바로 '풍지'라고 하며 옥새를 훔친 도둑입니다. 요전부터 밤낮으로 이 창문 밖에 서서 선생님의 동정을 살피고 있었습니다. 오늘은 벌써 선생님에게 들켜 '풍지', '풍지'라고 말씀하시는 것을 들었습니다. 실로 신서神筮

---

4 원문에는 일본의 속담 "조세 체납을 청산할 때(年貢の納め時)"라고 되어 있음. 나쁜 짓을 계속해 온 자가 잡혀서 벌을 받을 때라는 의미로부터 체념하지 않으며 안 된다는 뜻으로 쓰임.

의 묘력이 무서워 그저 조아릴 뿐입니다. 아아, 일생의 소원이니 목숨만은
살려 주십시오.”

라고 말했다. 선생은 꿈에서 목을 잘렸는데 깨어 보니 목이 붙어 있어 놀라
기뻐하는 것처럼 기뻤지만 이때만큼은 한인이 장기로 하는 그 태연한 얼굴
을 하고,

　　“기특하구나, 그대 ‘풍지’야. 내일은 대황제께 말씀을 올리려고 마음먹고
있었다. 그러나 너의 간절한 탄원에 탄복하였으니, 숨겨둔 곳만 알려 준다
면 도둑의 이름을 아뢰는 것은 하지 않겠다.”

라고 말했다. ‘풍지’는 여러 번 절하고, 옥새는 확실히 궁궐 정원의 연못
에 던져 넣었다고 자백하자, “그래 그래 그렇다면 너는 오늘 당장 몸을
숨겨라.” 하고 먼 나라로 도망치게 하고는 어서 다음 날이 되기를 기다
렸다.

　　드디어 기한이 끝나는 그 다음날, 의기양양하게 궁궐에 들어가, 옥새는
분명 안전하게 궁궐 정원 연못에 있다는 점을 쳤다. 그리고 서둘러 물을
빼서 꺼내야 한다고 아뢰었다. 대국^(三)의 위세가 발휘되어야 할 때로, 즉시
물을 빼고 말렸더니 과연 옥새가 발견되었으니 그 위세는 실로 대단하다고
할 수 있다. 경은 우리 대국의 보물이라며, 관위를 포함한 후한 선물을
주고 작별을 하고 돌아가라고 하셨다. 출발하는 날 참모관인 영리한 제자
는 선생을 속여서 그의 혀를 내밀게 하고는 재빨리 그 끝을 가위로 잘라
버렸다. 그러자 그 이후 선생은 말을 할 수가 없었다. 돌아가는 길을 막고서
이런 저런 점을 부탁하려고 생각한 많은 사람들도 할 수 없이 단념하고,
귀국한 후에도 누구 하나 또 점술을 부탁하는 사람도 없이, 소위 ‘깊은 연못
과 같은 조용한 침묵(淵默)은 운수가 좋을 조짐(吉祥)이 모이는 법’으로,

선생은 일생을 부귀하게 지냈다.

(一) 가정교사………양반의 자제는 가정교사를 따로 초빙하여 학문을 배운다. 이 선생은 대부분 과거에 낙방한 수재로서 또 과거를 칠 용기도 없이 세력 있는 양반에게 기식하여 그 자제를 가르쳤고 긴 세월 자연히 주인에게 보살핌을 받았다. 결국 보잘것없는 관직 하나라도 얻을 수 있을까 하고 궁리하는 것이 고작이다. 그래서 주인 양반에게는 그저 말상대에 지나지 않는 낮은 신분이지만, 역시 장유유서 사제 간의 예의가 엄격한 이 나라인 만큼, 자기 제자인 자제에게는 상당한 권력이 있었다. 채찍을 휘둘러 때려도 절대 죄가 되지 않으며, 오히려 때릴 수 있을 정도의 선생이야말로 훌륭하게 가르칠 수 있다고 평가될 정도이다.

(二) 교敎………조선은 신라시대 이래 항상 지나의 속국이었다. 그래서 국왕의 말씀도 결코 칙勅이나 조詔라고 하지 않고, 교敎라고 칭할 뿐이다. 조칙이라고 지칭하기 시작한 것은 청일전쟁 이후의 일이다.

(三) 명나라가 조선을 다스리는 방법은 실로 매우 교묘하다. 명은 이미 400여 주州를 영토로 하고 있고, 따로 또 의복 자락의 주름 정도 밖에 되지 않는 작은 이 나라도 영토로 하여, 그 내정의 세세한 부분까지 간섭할 필요가 없다. 필요로 하는 것은 단지 신하로서 복종하는 것, 속국으로서의 예의뿐이었다. 이것은 즉 대명황제의

위엄을 더하는 것이기 때문이다. 그래서 조선이 신하로서의 예를 다하는 것에 대해서는 엄중한 요구를 하여, 만약 공손하지 못한 부분이 있다면 가차 없이 격노하여 하늘의 꾸짖음(天譴)을 내린다. 이것을 역사에서 살펴보면, 조선에서의 연 1회의 조공사朝貢使, 조선 측에서는 소위 동지사冬至使가 가져가는 황제에게 바치는 글(奏文)은, 이 나라 학자·문장가가 제일 고심하고 애를 태우는 것으로, 한 글자 한 구절 소홀히 하지 않는다. 조금이라도 예의에 벗어나고, 조금이라도 평온함과 온화함이 부족한 문자가 들어 있으면, 번번이 각하당해 수정을 하지 않으면 안 되며, 심한 경우에는 그 죄를 물어 형벌을 받는 경우도 있다. 이조의 태조가 올린 명나라 고황제 29년 하정賀正의 표전表牋은 청성군淸城君 정탁鄭擢이 찬표撰表하고, 광산군光山君 김약항金若恒이 찬전撰箋하고, 서원군西原君 정총鄭摠·길창군吉昌君 권근權近이 이것을 윤색했다. 그런데도 고황제는 그 표전表箋의 표현이 대국을 희롱하고 모욕하였다고 하여, 김약항·정총·권근을 불러 힐책하였다. 권근 홀로 용서받아 돌아올 수는 있었지만, 김약항·정총은 노여움이 풀리지 않아 뚜렷한 이유 없이 함께 멀리 귀양 보내져, 결국 귀양지에서 죽었다. 또 고려조의 최보순崔甫淳이 고른 금나라 황제의 등극을 축하하는 표表도 또한 약간의 불휘不諱[5]한 문자가 있어 견책을 당했다. 이 두 예를 통해서, 얼마나 지나가 대국의 위엄을 드러내기 위해 힘썼으며, 천둥과 같은 위엄이 능히 이 나라로 하여금 두려워 굴복하게

---

5 무엇을 숨기거나 꺼리지 않음.

했는가를 잘 알 수 있다. 또 이러한 점을 통해 볼 때 충심으로 복종하는 이 나라의 국민성도 역시 식자識者의 흥미를 끌기에 충분하다.

11. 흥부전興夫傳

옛날 옛날에 마음씨 착한 동생과 욕심만 많은 형이 있었다. 동생을 흥부
興夫라 하고 형을 놀부라고 한다. 아버지가 돌아가시고 온갖 유산은 전부
형이 독차지하고, 동생은 초가지붕의 집에도 살지 못하고, 수수 짚으로
벽을 만들고 수수 잎을 가지고 지붕을 이어 기둥을 세운 오두막집에서
생활했다. 가난한 사람이 자식을 많이 두었는데, 개나 고양이 등처럼 해마
다 태어났으니, 그렇지 않아도 좁은 오두막에 꽉꽉 들어차 때로는 주인의
다리도 집이 좁아 벽을 뚫고 길까지 삐져나와, 길가는 사람이 "어이 흥부,
다리 집어넣게." 하면 "네." 하고 다리를 집어넣는 일도 있었다. 너무 힘들어
서 하루는 돈 많은 죄인 대신 곤장을 맞겠다고 떠맡고는, 그날 밤은 아내와
함께 내일이면 분명 약간의 돈을 받을 것이니, 그걸 가지고 오랜만에 아이
들에게 쌀죽을 먹여 주어야겠다고 이야기하며 즐거워했다. 그런데 그 다음
날 갑자기 그 죄인이 무죄로 방면되어 이것도 그림의 떡처럼 허무해졌다.
어느 때는 약간의 싸라기를 형 집에 가서 얻으려 했더니, 형은 인색하게
우리 하인에게 먹여야 할 싸라기를 어떻게 너한테 줄 수 있겠느냐고 했다.
그러면 술의 쌀겨라도 하고 말했더니, 우리 돼지한테 먹여야 하는 술지게미

를 너한테 줄 수 있겠느냐고 욕설을 퍼부을 뿐이었다.

어느 해의 봄이었다. 한 마리의 제비가 무슨 생각인지 고르고 골라 이런 가난한 집에 날아와 떠나가려 하지 않았다. 결국 위태로운 처마에 둥지를 틀려고 한다. 그는 이런 자식 많은 우리 집에 무슨 제비둥지냐며 거듭 쫓아내려 했지만, 또다시 날아 들어와 어느새 둥지도 거의 완성되려 했다. 할 수 없이 내버려 두었더니 주인을 닮아서인지 이 제비도 매우 자식 복이 많은 녀석으로, 둥지가 넘칠 정도였다. 어느 날 그 새끼 중 한 마리가 둥지에서 떨어져 다리가 부러져서 일어나지도 못하고 짹짹 울고 있는 것을 불쌍히 여겨, 다리에 약을 바르고 실로 감아 정성스레 간호하여 다시 둥지로 돌려보냈다.

가을이 어느새 이 산 저 산을 떠나기 시작하여, 찬바람이 불기 시작할 무렵, 제비는 무사히 자라나 많은 새끼들을 이끌고 강남 지방[1]로 돌아갔다. 제비는 강남 지방에 돌아갈 때에는 반드시 그 나라의 국왕께 배알하고, 북쪽 지방에서 있었던 여러 일들을 보고하는 것을 법으로 하였다. 그래서 그 가난한 집의 제비도 알현의 예를 마치고, 그런데 올해는 아주 아주 정이 깊은 주인의 집에 둥지를 만들어, 거의 잃을 뻔한 새끼를 무사히 길러서 왔다고 자세히 아뢰었다. 국왕도 그것 참 매우 기특한 인간이니 내년에는 은혜에 대한 보답의 예물을 가져가라고 명령하셨다.

다음해 봄, 날아가는 제비가 떼를 지어 예전의 낡은 둥지를 찾아 건너왔다. 그 가난한 집의 제비는 박씨 한 개를 물어 와 감사하다는 듯 흥부의 눈앞에 두고 떠났다. 주인은 이것 참 신기하구나, 제비의 선물이란 것은

---

1 제비는 철새로 9월 9일 중양절에 강남에 갔다가 3월 3일 삼짇날에 돌아온다고 한다. 강남은 중국 양쯔 강 남쪽 지역을 말함.

지금까지 들어본 적이 없었다 하며, 마당 한 구석에 심었더니 잘 성장하여 큰 박 4개가 열렸다. '이상하게 큰 박이구나, 속은 아이들에게 먹이고 나도 먹고, 껍데기는 말려서 시장에 팔아야지' 하고 어느 가을날 박을 따서 갈랐다. 첫 번째 박에서는 선동仙童으로 보이는 영험한 상相에 청아한 동자가 한 명 나와, 공손하게 5개의 떡을 주었다. 첫 번째 떡에는 선가仙家의 귀중한 보물인 죽은 사람을 되살리는 영약이 들어 있었다. 두 번째 떡에는 먼눈을 치료하는 약이 들어 있었다. 세 번째 떡에는 농아聾啞[2]를 낫게 하는 신약神藥이 들어 있었다. 네 번째 떡에는 불로초라고 하는 묘초妙草가 들어 있었다. 다섯 번째 떡에서는 죽지 않는 신약神藥이 나왔다. 두 번째 박을 갈랐더니, 큰 나무 재목과 석재, 그 외 단청 조각彫刻의 건축재가 산처럼 쌓여 나왔다. 세 번째 박에서는 목수 십수 명이 씩씩한 모습으로 나타나, 누가 명령하지 않았는데도 매우 근면하게 그 재료를 가지고 집을 짓기 시작하여, 눈 깜짝할 사이에 높이 솟은 큰 집이 주춧돌 위에 서려고 한다. 같은 박 안에서 또 다시 곡류穀類가 샘에서 물이 나오듯 쏟아졌고, 견직물, 능직물, 금전 등이 수없이 쏟아져 나왔다. 그러자 그 부부는 꿈이야 생시야 기뻐하며 또 네 번째 박을 가르려고 했다. 이때 아내는 '잠깐' 하고 멈추게 하고, 이미 이렇게 우리가 쓸 만큼 충분하지 않습니까. 한 개는 남겨서 또 다른 날에 갈라 봅시다 하고 말했으나, 그는 듣지 않고 그래도 잘라 봐야 한다면서 박을 갈랐다. 안에서 당화唐畵에 나올 법한 미인이 청초하게 나타나, 오늘부터 당신의 비첩이옵니다 하고 수줍은 듯 머리를 조아렸다. 역시 아내는 탐탁해하지 않고, 그렇게 말렸건만 무리하게 박을 갈라 이런 필요 없는 것이 나왔다고 남편을 한없이 원망했다.

---

2 귀로 듣지 못하고 입으로 말하지 못하는 것.

아라비아亞剌比亞의 야화夜話에 나오는 알라딘의 궁전은 아니어도, 자기 동생이 사는 곳 주변에 하룻밤 사이에 구름이라도 뚫을 듯 우뚝하게 솟은 큰 집이 나타나, 누구의 집인가 하고 이상히 여겨 달려오니, 어제와 너무 다른 가난한 동생의 영화로운 모습이, 실로 본 적 없는 세상의 도주의돈陶朱 猗頓[3]도 이보다는 더하지 못할 것이라 생각되었다. 너무 놀라 기절초풍하며 간담이 전부 내려앉아, 주뼛주뼛 동생에게 어떻게 된 일인지 물어, 참으로 유익한 정보를 얻어냈다. 나도 한번 해야지 하고 갑자기 처마에 살기 좋을 듯한 제비 둥지를 만들어, 긴 장대에 나뭇잎을 붙여, 그 쪽을 지나는 제비들을 억지로 자기 집으로 몰아넣으려고 했다. 그러자 제비들은 다들 동생 집으로 도망치고 한 마리도 들어가서 둥지를 지으려고 하지 않았다. 그러나 포기하지 않고 계속 몰아넣으니, 한쪽 눈이 먼 한 마리가 결국 쫓겨 들어가 겨우 둥지 안으로 들어갔다. 아주 나태한 제비였는지, 그대로 그곳을 거처로 삼고 아내제비도 불러와, 벌써 서너 마리의 새끼까지 낳았다. 형은 생각대로라고 기뻐하며, 새끼제비가 오늘 떨어지려나, 내일 떨어지려나 하고 기다렸지만, 원래 새끼의 수도 적어 전혀 떨어질 기미가 없었다. 기다리다 지쳐서 어느 날 사다리를 타고 기어올라 중간 크기의 새끼를 한 마리 끌어내, 바닥 위로 던졌다. 불쌍한 새끼는 피를 흘리며 다리가 다치고 꺾여, 비명을 지르며 부모를 불러 댔다. 그는 서둘러 이를 집어 들어 약을 바르고 실을 감아 주고 물이나 쌀알을 입에 물려 정성껏 치료해 주고 다시 둥지로 돌려보냈다.

이윽고 쌀쌀한 가을 9월, 제비들이 강남 지방으로 되돌아가서 그 국왕을

---

3 도주陶朱와 의돈猗頓의 부유함. 모두 옛날의 부호富豪. 전轉하여, 부호富豪. 도주는 도주공으로 월越나라 범려임.

배알했을 때였다. 그 집에 둥지를 튼 제비가 자초지종을 아뢰자 국왕도 크게 노여워하시며 이놈, 무정한 인간 놈에게 복수를 해야겠다 하고 이듬해 봄, 이전과 마찬가지로 박씨 한 알을 주었다. 놀부는 박씨를 주워 나도 부자가 되었구나 하고 이웃 사람들에게 소문을 퍼뜨리고 오로지 박 덩굴이 자라기를 기다리자, 어느덧 열한 개의 커다란 박이 대롱대롱 열렸다. 동생보다 일곱 개 많아 훨씬 운이 좋다며 박이 익기를 애타게 기다렸고, 돈을 써서 사람을 고용하여 사다리를 놓아 박을 따게 하였다. 먼저 하나를 썩둑 쪼개니, 이것이 어찌 된 일인가! 가야금伽倻琴을 연주하는 노비가 나와서 청하지도 않았는데 시끄럽게 가야금을 연주하여 들려주고는 다액多額의 품삯을 요구하고 돌아갔다. 두 번째 박을 쪼개자 승려가 나와 괴이한 경經들을 읊고 이 악인惡人인 놀부에게 재화災禍를 내려주십사 부처에게 기도하고는 마지막에는 마찬가지로 기도료祈禱料를 강탈하고 떠났다. 세 번째 박에서는 상복을 입은 자가 나와 우리 주인이 죽었는데 장례를 치를 돈이 없으니 아무쪼록 도와주십사 하며 다액의 장례 자금을 강탈하고 가 버렸다. 네 번째 박에서는 무녀 한 무리가 줄지어 나타나서는 놀라는 그를 붙잡고 괴이한 경을 읽기 시작했는데 모든 신들4의 존함을 부르고 이 악독한 남자에게 화를 내려주십사 기도하고 놀라 도망치려 하는 그를 붙들고 사람한테 기도를 시켜 놓고 도망가는 건 무슨 짓이냐며 다액의 기도료를 강탈하고 가 버렸다. 다섯 번째 박에서는 요지경瑤池鏡 즉 들여다보는 거울이 나와서 놀부가 무언가 하고 들여다보자, 말도 안 되게 많은 관람료를 뜯어내고는 가 버렸다. 이번만큼은 금이 나오겠지, 쌀이 나오겠지 하며 다시금

---

4 원문에는 '야오요로즈노카미八百万の神々'로 되어 있음. 많은 수의 신, 모든 신을 가리킴. 삼라만상에 신이 깃들어 있다는 고대 일본의 신 관념을 나타내고 있음.

여섯 번째 박을 쪼개자 생각지도 못한 거한이 '얏' 하고 불쑥 나타나서 작은 새를 움켜쥐듯이 그를 붙잡아 이놈, 내 엉덩이에 난 종기를 밟으라며 엎드려 누워 그에게 엉덩이를 밟게 하는데, 엉덩이의 단단함이 바위와 같았다. 얼마나 힘을 주어 밟으면 되겠냐고 묻자 답할 수 있는 것이 아니라며 야단을 맞고, 힘도 없고 의지박약한 놈, 더 열심히 밟아보라 함에 우물쭈물하자니 얻어맞을 기색인지라 피땀을 흘리며 밟았더니 힘이 다하여 눈앞이 캄캄해져 쓰러지고 말았다. 그러자 이놈아, 벌써 그만두는 것이냐 하고 그렇다면 사죄금을 내놓으라며 다액의 돈을 빼앗아 갔다. 이리하여 열 개까지 쪼갰는데 모조리 전부 악마외도惡魔外道만 나와서 죽을 만큼 괴롭힘을 당했음에도 불구하고 여전히 욕심을 버리지 않았다.

마지막 열한 개째인 하나가 남았는데 이것이야말로 복을 줄 박이라며 칼을 넣어 조심조심 조금씩 쪼개자 황금빛이 살짝 보였다. 그럼 황금이 있겠구나 하고 썩둑 쪼개자 황금빛 똥이 샘이 되고 강이 되어 흘러나왔고 멈출 기미가 없었다. 끝내는 부지敷地를 적시고 자기 집에도 차올라서 가재도구마저 팽개치고 일가—家 5명 간신히 동생 집으로 도망쳐 들어갔다. 역시 동생은 불쌍히 여겨 새롭게 집을 세워 주고 평생을 편하게 지내게 해 주었다고 한다.

12. 음란한 스님이 생두 네 되를 먹다 淫僧食生豆四升

옛날 옛날에 아직 색향色香을 잃지 않은 한 과부가 있었다. 그러나 정조를 지키고자 하는(守操) 마음이 강하여 바람기가 이슬만큼도 없어, 이대로 자신은 골짜기의 썩은 나무처럼 불도佛道 수행에 전념해야겠다고 생각했다. 그녀의 조카로 한 소년이 있었는데 마을의 절에 다니며 그곳의 화상和尙에게 사사받고 사서四書나 오경五經의 소독素讀을 배워 부모들은 언젠가 과거에도 응시하게 하고자 마음먹고 있었다. 스승 되는 스님은 봉우리에 갈라진 백운白雲처럼 부세浮世의 제상諸相을 깨우치고 훈주葷酒[1] 조차도 멀리해야 하는 출가자의 몸이면서 아직 번뇌煩惱의 계박繫縛을 끊지 못하여 호색한 마음(好心)이 상당히 강하였다. 하지만 남편이 있는 여자나 결혼하지 않은 처녀에게 접근할 수도 없었기에 누군가 좋은 상대가 없을까 하고 오랜 세월 마음을 썼는데, 때마침 제자 중 한 사람인 그 소년의 백모伯母가 지난해 남편과 사별하고 외롭게 지내고 있다는 것을 듣게 되었다. 어느 날 다른 제자들을 먼저 보내고 그 소년을 잠시 용무가 있다고 남게 해서는 소리를 낮추어

---

1 파, 마늘 따위의 특이한 냄새가 나는 채소와 술.

"너는 오늘 밤 돌아가서 백모님이 혼자일 때를 살펴서, 스승님이 백모님에게 동서同棲하고 싶다고 하셨다고 전해주렴, 그러면 나로 인해 너는 좋은 일이 생길 것이다."

하고 속삭였다. 소년은 아직 세상 물정을 모르는 아이라서 세상에서 무서운 것은 아버지 이외에는 스승님뿐이라고 생각하여 몹시 황송해하고 있던 터라, 말씀을 받들어 그날 밤 있는 그대로 백모에게 전했다. 백모는 다른 사람도 아니고 스님으로부터 수치스러운 말을 들었다고 분한 마음에 가슴이 터질 것 같았지만 딱 잘라 거절하면 조카의 신변에 좋지 않은 일이 생길 것이라고 생각하여 태연하게

"너는 내일 스승님에게 내가 오늘 밤 몰래 오시라고 했다고 고하거라."

라고 말했다.

스승인 스님은 오늘 밤 몰래 오라는 말을 듣고 벌써 바라던 것이 이루어졌구나 하고 마음이 들떠서 수행도 빨리 끝내고 깨끗한 옷으로 갈아입고 몰래 밤에 찾아가 별이 흐르는 으스름한 달밤에 손쉽게 안방으로 숨어들었다. 여자는 등불 하나를 켜고 적막하게 앉아 있었는데 허물없는 태도로

"보잘것없는 저를 생각해 주셔서 몸 둘 바 없이 기쁩니다. 하지만 단지 말씀만으로는 그 진심을 다 헤아리기 어렵사옵니다. 첩이 바라는 일 한 가지만 해주신다면 말씀에 따르고자 합니다."

라고 말했다. 스님은 벌써 해삼海蔘과 같이 흐늘흐늘해져서 눈을 가늘게 뜨고

"한 가지뿐이겠습니까? 백 가지라도 당신의 부탁을 들어 주겠습니다. 어서 말해 보십시오."

라고 재촉하였다. 여인은

88

"그것은 다름 아닙니다. 생두生豆 네 되를 지금 여기서 드셔 주시기를 바랍니다."

라고 하며 미리 준비해 놓은 생두를 그릇에 넘칠 만큼 내어 왔다. 스님은 '뭐야 이까짓 것.' 하며 눈을 감고 손에 쥐고는 입안으로 부어 넣었는데 대략 한 되 정도 먹었을 무렵부터 배가 갑자기 요동을 치며 계속 대소변이 마려워 견딜 수가 없었다. 급히 뛰어나가 뒷간까지 참지 못하고 겨우 문을 나오자마자 그대로 그곳에 서서 방출하였다. 전대미문으로 말(馬)도 아니고 사람이 생두 한 되를 먹었으니 똥은 마치 무지개처럼 치솟아 공중으로 날아올라 옆 토담을 뛰어넘어 마침 땔감을 쪼개고 있던 그 집 주인의 머리로 쏟아졌다.

"아아, 견딜 수 없구나. 아아, 냄새야. 어떤 놈의 장난이야. 나에게 똥을 뿌리다니."

하고 서둘러 문으로 나가 보니 누군가가 밤에도 하얗디 하얀 엉덩이를 내놓고 '웅웅' 하며 무지개다리처럼 똥을 방출하는 것이었다. 네 이놈, 어디에서 온 바보 자식인데, 무슨 원한이 있어서 나에게 똥칠을 하냐며 두꺼운 땔감 나무를 치켜들고 가서 아무 곳이나 마구 때렸다. 스님은 아프긴 하지만 명백하게 자신을 밝힐 수도 없는 입장이라서 실컷 두드려 맞고 발이 땅에 닿을 새라 절로 줄행랑쳤다.

이미 늦은 시각인지라 절의 문단속을 하는 남자(寺男)가 대문을 굳게 잠궈 놓아 들어갈 수가 없었다. 어쩔 수 없이 개가 출입하는 문 아래의 작은 구멍으로 목을 넣어서 '어이, 어이' 하고 문단속을 하는 남자를 불렀다. 남자가 와서 보니 무언가 개구멍으로 '멍멍' 소리를 내는 것이다. 이놈, 어딘가의 들개가 우리가 키우는 개를 꾀어내려고 왔구나 싶어 몽둥이를 치켜

들고 눈알이 튀어나올 정도로 때렸다. 하지만 스님은 무리하게 집어넣은 목이라서 급히 빼지도 못하고 옴팡지게 두들겨 맞았다. 그리고 남자가 조금 지쳐 매질을 멈췄을 때 간신히 이름을 대고 문을 열게 하여 목숨만큼은 부지할 수 있었다고 한다.

이 이야기는 이 나라의 구전을 있는 그대로 기록한 것이다. 용재총화慵齋叢話에는 조금 다르게 썼다. 하지만 대동소이하여 고치지 않고 두었다.

(一) 이 나라의 승려라는 존재는 몹시 가련한 위치에 있어서 평민 이하로 대우받는다. 그래서 농부가 경작하는 앞을 말을 타고 지나갈 수 없는 규정이 있다. 경성의 관리들이 절을 찾게 되면 대문 밖으로 마중 나가서 쭈그리고 앉아 정중하게 예를 올리고 절에 들어오면 술을 내어 정갈한 술안주를 내어 정성껏 대접한다. 이를 고려 왕조 때 역대 승려를 우대하고 국사國師의 호號조차 하사한 것과 비교하면 실로 천양지차天壤之差이다. 대접을 못 받으면 자연히 스스로도 심성이 타락하는 것인지, 지금의 승려들이 도심이 없고 정심精心을 잃은 정도가 이만저만이 아니다. 대개는 모두 사부私婦를 두고 음락淫樂을 즐기고, 요리점같이 손님을 숙박시키고 술안주를 갖추어 돈을 벌고, 심하게는 기도를 빙자하여 궁녀를 끌어들여 추문이 밖으로 새어 나오니 실로 평민 이하의 행실이라 할 수 있다. 특히 경성 부근의 승려가 극심하다고 한다. 하지만 역시 조선 제일의 도장인 금강산에는 여전히 승려다운 승려들도 적지 않은데 훈주葷酒를 끊고 정행淨行을 하며 적막하게 속세를 떠난(世

外) 행자行者다운 자도 있다고 한다. 하지만 이와 같은 경우는 새벽에 보이는 별(曉星)같이 매우 드문 존재이다. 그렇기에 불교는 종교로서는 사멸死滅의 길에 접어들었고, 달리 시천교侍天敎,[2] 천도교天道敎,[3] 그 외 음사사교淫祠邪敎가 백성의 신앙을 모아 조선의 종교로 위치를 점하고 있는 중이다. 생각건대 이조가 불교를 박해한 것은 뿔을 바로잡으려다 소를 죽인 것 같은 우를 범한 것과 같음은 두말할 필요가 없다.

---

2 최제우를 교조로 하는 동학 계통의 한 파. 1906년 이용구李容九가 창시했다. 천도교와 대립하여 창립된 시천교는 초창기에는 교세가 급신장하여 천도교를 능가했으나 일진회가 해산되고 이용구가 사망하자 분열하였음.

3 동학東學을 바탕으로 발전시킨 종교로 수운水雲 최제우崔濟愚를 교조로 한다. 동학농민운동이 외세에 의해 진압된 뒤, 제2대 교주인 최시형崔時亨이 처형되자 도통은 손병희孫秉熙에게 전수되었다. 인내천人乃天, 곧 천인합일天人合一의 지경地境에 이름을 그 종지宗旨로 함.

완역 조선이야기집과 속담

13. 반쪽이 片身奴

옛날 옛날에 어느 시골의 양반을 섬기는 몸이 반쪽인 하인이 있었다. 머리도 반쪽, 몸도 반쪽, 다리도 한 쪽인 불구자인데, 마음만큼은 보통 사람들보다 뛰어나고 간교하여, 다른 사람을 짓밟고 자신의 이득만 챙기고 나쁜 짓을 저지르는 일이 잦았다.

어느 해 주인 양반이 과거에 응시하기 위해 도읍으로 가는 여행길에 수행을 하였다. 당나귀의 고삐를 끌며 며칠 만에 겨우겨우 경성 근처에 이르렀다. 어느 날 오전, 주인이 그에게 명하기를

"나는 내일 저곳에 보이는 주막에서 점심을 먹을 생각이니 너는 나귀를 끌고 산으로 가서 배불리 약초若草를 먹이거라."

하고 주막으로 들어갔다. 그는 주인만 주막에 들어가고 자신에게는 먹으라는 말도 하지 않은 것을 얄밉게 생각하여 나쁜 꾀를 짜냈다. 당나귀를 시장에 끌고 가서 높은 값으로 팔아 치우고 그 돈으로 배가 터지게 술과 밥을 먹고 마시고는 재갈과 고삐만 풀어 그 산에 올라가 고삐를 손에 꼭 쥐고 기분 좋은 듯이 오수午睡의 단꿈을 즐겼다. 하인이 너무 돌아오지 않아 주인 양반이 낮잠을 자는 산까지 찾으러 가서 보니 그 하인은 거적을 깔고 쿨쿨

천지天地 모르고 낮잠을 자고 당나귀는 잃어버린 채 고삐만 꼭 쥐고 있었다. 주인은 놀라서 세차게 발로 차서 그를 깨우고는

"이놈 괘씸한 녀석, 당나귀는 어디에 두었느냐?"

하고 힐책했다. 그러자 하인은 놀란 얼굴을 하고 갑자기 아이고, 아이고 하고 울어대며

"나귀 녀석이 소인이 잠시 낮잠을 자는 사이에 재갈을 풀고 도망쳐 버린 것 같습니다. 정말 큰일을 저질렀습니다. 해가 저물지 말아야 할 텐데요. 온 산을 헤매서라도 찾아올 테니 목숨만은 살려 주십시오."

하고 당장이라도 잰걸음으로 산을 올라가려고 하였다. 간계라는 사실을 꿈에도 모르는 주인 양반은

"기다려, 기다려, 그만둬라. 이 바보 같은 놈. 벌써 옛날에 도망친 나귀를 지금 어디에서 찾을 수 있다는 것이냐. 괜한 일에 힘써 봤자 엎질러진 물을 다시 담을 수는 없지. 따로 이곳에서 한 마리를 다시 사서 속히 도읍으로 올라가는 것이 상책이다. 정말 바보는 약으로 못 고친다더니."

라고 말하고, 의욕이 떨어져 힘없이 산을 내려와 새로 당나귀를 사서 경성 으로 올라갔다.

경성에 도착하여 하숙을 정하고 밤낮으로 시험 준비에 땀을 흘리고 있던 어느 날, 그 하인에게 명하여 죽 한 그릇을 사오라고 하였다. 하인은 문득 이 죽이 먹고 싶어져서 또 한 가지 꾀를 냈다. 싯누런 콧물 한 방울을 그릇 에 떨어뜨리고 훌쩍훌쩍 울면서 들어갔다. 주인은 어찌하여 우는지 묻자, 어젯밤부터 감기에 걸렸는데 죽을 갖고 오는 도중에 자기도 모르게 콧물을 한 방울 그릇 안에 떨어뜨렸다고 하자 이 더러운 놈, 이 죽은 못 먹겠으니 네 놈에게 주겠다고 하니 이렇게 해서 하인은 손쉽게 죽을 손에 넣을 수

있었다.

이러한 짓궂은 일들이 계속되자 주인은 불길한 신에 씌었는지 불행하게
도 낙제했다. 주인은

'이 얄미운 불구자 놈, 네 놈 때문에 내가 운이 없어졌다.'
라고 생각하고 어떻게든 그 노비에게 복수를 하려고 어느 날 그 하인을
불러서 그의 등에 먹으로 시커멓게 '이 하인 때문에 낙제하고 도중에 돈도
많이 들어 이대로 살려두어서는 안 될 놈이다. 즉시 넝쿨바구니에 넣어
강에 던져 넣어라.' 하고 썼다.

"나는 조금 볼일이 남아 있으니 너는 먼저 고향으로 돌아가서, 돌아가는
대로 즉시 너의 등을 집안사람에게 보이도록 하여라. 이 일은 긴급을 요하
는 비밀스런 일이니라."
라고 단단히 분부하고 떠나보냈다.

그 하인은 도중에 홀로 여행하는 홀가분함에 하고 싶은 대로 날뛰며
재미나고 흥겹게 가고 있었는데, 다만 마음에 걸리는 것은 등에 있는 주인
의 필적이었다. 분명 이것은 나에게 이득이 되는 일이 아닐 것인지라 어떻
게든 알아봐야겠다고 생각했다. 어느 날 갑자기 꿀이 먹고 싶어 밀가루
열 문文 어치 정도를 사 놓고 꿀 장수를 불러 밀가루를 담은 그릇을 꺼내어
이 밀가루 위에 꿀 열 문 어치를 달라고 하자, 상인은 말하는 대로 순순히
조금 따라 주었다. 그 하인은 비싸네, 터무니없이 비싼 가격이네 하며 더
따르라고 하기에 상인도 어쩔 수 없이 약간 더 따라 주었다. 그는 아직도
비싸다면서 그릇을 치우지 않으니 상인도 어쩔 수 없이 다시 약간 더 따라
주었다. 하인은 그래도 비싸다, 이렇게 비싼 꿀은 도유에도 없다면서 멈추
지를 않았다. 마침내 상인이 화가 나서 이런 무법자, 그렇다면 팔지 않겠다

고 했다. 그 하인은 껄껄 웃으며 나도 이렇게 비싼 꿀은 사지 않겠다. 자, 갖고 돌아가라고 하며 그릇을 들이댔지만 꿀은 이미 밀가루에 스며들어서 다시 가져올 수도 없었다. 그대로 상인은 그저 무일푼으로 꿀만 빼앗기고 서는 욕만 심하게 하다 가 버렸다.

이렇게 하여 꿀이 섞인 밀가루를 반죽하여 불상 모양으로 만들고 그것을 씹으며 가는데 행각승 한 사람을 만났다. 행각승은 그 하인이 불상을 정말로 맛있다는 듯이 씹고 있는 것을 보고 매우 의아하게 생각하였다. 불상이 맛있는가 하고 묻자 그 하인은 웃으면서 맛있고말고, 나는 매일 이렇게 불상을 먹으며 배를 채우는데 스님인 당신이 아직 불상을 먹는다는 것을 모르다니 이상하다고 말했다. 스님이 그렇다면 나에게도 한 입 달라고 하고서는 한 입 베어 물자 실로 매우 맛있었다. 더 먹을 수는 없겠냐고 하자 그 하인은 그렇다면 너는 내 등에 쓰여 있는 문자를 읽어 주지 않겠냐고 하며 그에게 보여 주었는데, 실로 위험한 말이 쓰여 있었다. 즉시 그 하인은 스님에게 당신에게 이 불상을 줄 터이니 등의 문장을 지우고 '이 하인 때문에 행운을 수없이 얻었으니 그 상으로 즉시 딸과 짝짓게 하라.'라고 고쳐 써 달라고 부탁하였다. 그리고 고쳐 쓰게 한 뒤로는 마음이 편해졌고, 의기양양하게 주인집에 도착했다.

주인의 아내는 그 하인이 내미는 등을 보고

'참으로 의아한 남편의 명령이로구나. 사람도 많은데 이 하인같은 불구자에게 꽃과 같은 우리 딸을 아내로 삼게 하라니 무슨 일인고. 이에는 연유가 있을 것이다. 주인이 돌아온 뒤에 시키자.'

라고 생각하여 말을 잘 둘러대서 일처리를 뒷날로 미루었다. 이삼일 후에 주인이 힘없이 돌아와서 금방 그 하인의 모습을 보고, 매우 불쾌한 얼굴로 어찌하여 아직도 그 하인을 살려두었냐고 호통을 치자, 집안 사람들이 점점 이상히 여겨 사정이 이렇다고 대답하니 갑자기 화가 치밀어 "이놈, 또다시 간계로 사람을 속였구나! 어처구니가 없구나" 하며 하인에게 명하여 손발을 묶어 넝쿨바구니에 넣고 끌어내어 강으로 뻗어 있는 버드나무 가지에 매달아 놓게 했다. 주인은 내일이야말로 직접 줄을 끊어서 강에 떨어뜨리겠노라고 맹세하였다. 이에 길을 가던 마을에서도 유명한 눈이 잘 보이지 않는 노파가 버드나무 가지에 대롱대롱 매달린 넝쿨바구니 안에 사람이 있는 것을 보고서는 시골뜨기의 허물없는 말투로 그곳에 어찌하여 있느냐고 큰 소리로 물었다. 그 하인은 당신은 누구냐고 반문하고 껄껄 웃으면서

"나는 근래에 주인을 따라 도읍에 갔다 와서 도중에 눈병이 생겨 여러 약을 발라도 낫지 않아 여기에 이렇게 매달려서 눈병에 제일 영험한 강의 물줄기를 바라보고 있소."
라고 했다. 시험해 보고 싶냐고 묻자 노파는 즉시 그 말에 넘어가

"그건 처음 듣는 술법이오. 정말로 당신 눈은 상태가 좋아졌소?"
라고 묻자,

"좋고말고. 어제까지의 흐릿한 안개가 말끔히 없어져 깊은 물속 작은 돌의 개수까지 셀 수 있소."
라고 대답했다. 노파가 참지 못하고 어떻게 나도 조금 그곳에 매달려 강 물줄기를 보게 해 줄 수는 없겠냐고 부탁하자, "그러면 잠시만입니다"라고 말하고 넝쿨바구니를 노파에게 내리게 하였다. 그리고 재빨리 노파를 자기 대신 바꿔 집어넣고 내일 일찍 오겠다는 말을 남기고 재빨리 도망갔다.

불쌍한 자는 눈이 잘 보이지 않는 노파이니, 전세前世의 죄가 깊었는지 다음 날 아침 일찍 양반의 처벌을 대신 받아 '앗' 하고 말할 사이도 없이

급류에 휩쓸려 떠내려가 버렸다.

주인 양반은 일단 귀찮은 자를 처치했다고 집안사람들 모두와 기쁨을 나누고 있는데 그 다음 날에 불구인 하인이 빙그레 웃으며 자못 득의양양하게 들어오는 것이었다. 이게 어찌된 일인가 하고 모두 열린 입을 닫지 못했다. 그 하인은 유연悠然히 떠들어 대는 모두를 조용히 시키고는

"의아하게 생각지 마시옵소서. 저는 뜻밖에 주인님 덕분에 용궁으로 가서 남편을 찾는 용녀[1]의 사위가 되어 부귀영화를 누리고 있었지만 이것도 제 주인님의 은혜라고 생각하니 잠시도 주인님이 잊히지가 않아, 어젯밤 잠자리에서 부인인 용녀에게 털어놓고 주인 일가를 모두 용궁으로 모실 수 있다는 허가를 받았습니다. 그래서 서둘러 모시기 위해 찾아 온 것입니다."

하고 짐짓 사실인 양 말했다. 이것을 믿지 않으면 무엇을 믿을 수 있겠는가! 주인은

"그것 참 불가사의한 행운의 남자일세. 이번에는 필정必定 거짓말은 아닐 것이다. 과거에 낙제한 시골 수재인 나는 다시 이 세상에서 싹을 틔우는 것도 언제인지 기약할 수 없다. 차라리 용궁에 가서 일생을 근심 없이 사는 것이야말로 상책이다."

라고 말하고, 계속해서

"그렇다면 너를 따라 나도 용궁으로 가겠다. 아내여, 당신도 아들과 딸도 같이 오라."

하고 집안의 하인, 하녀와 작별의 잔을 나누고 각자의 물품을 챙겨 가재家財

---

1 원문에는 '오토히메乙姬'로 되어 있다. 일본 민담에서는 용왕의 딸, 즉 용녀를 '오토히메'라는 고유명사를 붙여 부르는 것이 일반적이다.

들은 대충 모아서 넝쿨바구니 몇 개에 각각 넣어서, 그 날 저녁 어스름한 해질 무렵 그 하인을 따라 줄줄이 강변으로 갔다. 그 하인이 가르쳐 주기를

"주인님이여, 이 버드나무 밑에 천세千歲 동안 드러나지 않은 용궁으로 통하는 길이 있습니다. 의심마시고 주인님부터 빨리 들어가십시오, 들어갈 때에는 커다란 삿갓을 쓰고 사방을 보지 않고 들어가는 것이 규칙입니다."

라고 하고 머리를 푹 뒤집어 쓸 수 있는 삿갓을 쓰게 하고 밀어내듯이 강으로 인도하니, 주인은 지시대로 큰 강의 안 쪽으로 걸어 들어갔다. 차츰차츰 물이 깊어져 삿갓 언저리까지 물에 잠기자 삿갓을 손에 들어 올리고 더 깊이 나아갔다. 삿갓은 커다랗고, 강바람은 강하여 펄럭펄럭 흔들리며 마치 사람을 손짓하며 부르는 듯 했다.

"주인님이 손짓하며 부르십니다. 부인 빨리 가시죠. 부인은 삿갓은 잘 맞지 않고 키가 잘 맞으니 키를 쓰고 가십시오."

하고 부인도 강으로 밀어 넣었다. 키가 펄럭펄럭 흔들리자 이것을 가리키며

"어머님이 부르시니 빨리 가십시오."

하고 아들을 닦달하니 아들도 그대로 깊은 곳에 가서 휩쓸려 죽어 버렸다. 마지막으로 남은 따님이 아무 것도 모르고 자신도 부모의 뒤를 따라가겠다고 발걸음을 내딛자

"이거 기다리시오. 당신은 용궁에 갈 필요가 없으니 이 세상에서 제가 애지중지 소중히 하겠습니다."

하고 발길을 멈추게 하고 억지로 집으로 돌아가게 하였고, 수많은 가재도 집으로 옮겨 종국에는 딸의 사위가 되었다고 한다.

완역 조선이야기집과 속담

14. 무법자無法者

　옛날 옛날에 도읍에 굼뜬 재주(頓才)가 있는 매우 가난한 사람이 있었다. 하루는 도읍 대로를 만보漫步하며 과일 가게에서 껍데기를 깐 잣을 내어놓은 것을 보고, 먹고 싶어도 돈이 없어서 시골 사투리로

　"이것은 무엇입니까?"

하고 물었다. 주인은

　"잣이오(자시오)."

하고 대답했다(한어韓語의 잣나무 열매는 잣이다). 그는 네 하고 대답하고 손에 쥐고 게걸스럽게 배가 부를 때까지 먹었다. 감사합니다 하고 가볍게 인사하고 자리를 뜨려고 하자 주인은 놀라며

　"무법자야, 가게 물품을 먹고 인사 한마디로 가는 법이 있느냐. 돈을 내거라."

라고 말했다. 그는 어디까지나 시골뜨기다운 표정을 지으며

　"참으로 이상하네. 왜 조금 전에 '자시오.'라고 하지 않았습니까? 어떻게 도읍이라고 할지라도 '자시오'라고 해서 먹었는데 돈을 달라는 법이 어디 있습니까."

하며 어이없어하는 주인을 돌아보지도 않고 억지를 부리고는 그 자리를 떠났다.

잣나무 열매는 기름이 많아 생두와 같이 설사를 일으키는 성질이 있어, 실컷 배불리 먹은 그는 얼마 걷지 않아 복통을 일으켜 계속 대변이 마려웠다. 하지만 지금과는 달리 공동변소가 있을 리 없었기에 아주 난처한 상황에서 한 가지 계책을 세웠다. 규모가 큰 어느 잡화점에 다급하여 어찌할 바를 모르는(蒼黃) 표정으로 뛰어 들어가

"지금 난폭한 자에게 쫓기고 있으니 잠시 이곳에 숨겨주십시오."

하고 거적을 한 장 내어 받아 이를 세워 주위를 둘러치고 그 뒤쪽에 쭈그려서 실컷 똥을 쌌다. 종이 등을 가지고 다니는 것은 이 나라의 풍습이 아닌지라 똥을 다 싸도 닦을 것이 없었다. 다시 한 가지 계책을 세워 주인을 불러

"쫓아오던 자들은 이미 지나갔습니까?"

하고 물었다. 주인은 긴 담뱃대를 물고 웃으며

"당신이 누군지조차 모르는 내가 하물며 당신을 쫓아오는 자가 누군지 알 리가 있겠소."

하고 말했다. 그러자 그가

"그렇다면 저에게 가늘고 짧은 봉⁽⁻⁾¹을 주시오. 거적에 구멍을 내고 내 직접 보겠소."

라고 하고 그 봉으로 쉬이 엉덩이를 닦았다. 이윽고 이제 쫓아오던 자들이 지나갔다며 덕분에 목숨을 건졌다는 둥 교묘한 말솜씨로 둘러대고 사례를 하고는 어디론가 도망쳐 버렸다.

---

1 원문의 본문에는 저자의 주석임을 표시하는 (一)가 없으나, 번역자가 이를 보충해서 표시하였음.

이러한 무법자이기에 누구라도 그를 위해 도와주는 사람도 없었다. 하는 일 없이 놀고먹으니 그 가난함이 실로 이루 말할 수 없었고 겨울에도 땔감을 살 도리가 없었다. 이에 또 한 가지 꾀를 내었다. 거리에 나가 시골의 송엽松葉 상인들이 소에 싣고 파는 송엽 중에 특히 훌륭하고 잘 말랐으며 다발이 큰 것을 골랐다. 그리고 가격을 정하고 자기 집까지 데리고 왔다. 여기라고 손짓하여 짐을 풀고 문 안으로 들어오게 했다. 몹시 좁고 낮은 문인지라 큰 다발의 송엽은 좀처럼 쉬이 지나갈 수도 없었다. 힘이 센 시골 사람이 열심히 송엽을 구부려 작게 해서 겨우 안으로 들어갔다. 그러자 소나무의 작은 가지가 눈 내리듯 뚝뚝 떨어졌다. 역시 바깥쪽 다발도 똑같이 무리하게 구부려서 문 안으로 집어넣었다. 상인이 이미 팔아치운 것이라 생각하고 아아 무겁다, 무거워 하며 처박듯이 땅에 던져 내려놓자 여기에도 적지 않은 송엽이 떨어졌다. 이럭저럭 세 다발을 모두 안으로 옮기자, 그는 담배를 피우면서 유심히 송엽을 보더니

"아까는 그저 큰 다발이라고 생각하고 값을 높게 정했는데 지금 꼼꼼하게 보니 그다지 큰 다발은 아니었소. 그 값에 사면 커다란 손해이니 새로이 값을 정합시다."

라며 말도 안 되는 싼 값으로 깎으려고 했다. 시골 사람으로, 정직한 송엽 상인은 계략이라고는 꿈에도 알지 못하고 정말 어처구니없는 노릇이라고 몹시 화를 내며

"이제 와서 다시 값을 깎다니 무법지극無法至極, 아까의 값보다 일문一文도 싸게는 결코 팔지 않을 것이오. 사기 싫으면 사지 마시오. 가지고 가면 되니까."

하며 머리에 더운 김을 뿜어내면서 욕설을 퍼부었다. 그러자 그는 더욱

"가지고 간다 해도 할 수 없소. 빤하게 큰 금전적 손해를 입는 일은 도읍 사람은 하지 않는 법이오."

라고 시치미를 뗐다. 시골 사람은 어쩔 수 없이 또다시 송엽을 짊어졌는데 한층 더 쿵쾅 쿵쾅 문에 부딪히며 송엽을 비처럼 내리게 하고 눈처럼 산란 散亂시키면서 소에 싣고 큰 소리로 욕설을 퍼부으며 시내 쪽으로 돌아갔다. 그는 일이 잘됐다며 혀를 삐죽 내밀고는 송엽을 주워 모아 반 다발 남짓 이 되었다. 빈가貧家에서 넉넉히 삼일 간 사용할 분량을 얻을 수 있었던 것이다.

가난한 그에게 자주 어육魚肉 같은 것이 손쉽게 입에 들어올 리 만무했 다. 이 나라의 민둥산에도 역시 녹음이 짙은 계절이 되면 문 앞을 도미 상인이 도미 사려, 도미 사려 하며 빈번하게 왕래한다. 나도 도미가 먹고 싶구나 하여 집안의 돈을 긁어모았지만 십 문文에는 미치지 못했다. 하지만 이정도 있으면 괜찮다며 순식간에 한 가지 계책을 궁리해 냈다. 마침 그곳 을 지나가는 물고기 장수를 불러들여 오랫동안 입씨름을 하여 간신히 갖고 있는 모든 돈을 털어서 가장 작은 4치 정도의 작은 도미 한 마리를 사들였 다. 이를 부엌에 보관해 두고 다시 물고기 장수가 오기를 기다렸다. 머지않 아 또 한 사람이 지나가는 것을 불러들여서 이것저것 도미의 가격 등을 묻고, 아까 전보다 약간 커다란 도미를 한 마리 산다고 하고는 그것을 들고 부엌에 가서 아까 전의 도미와 바꿔서 다시 들고 나왔다. 그리고 사려고 생각하여 아내에게 물었더니 필요 없다고 하니 어쨌든 우선 돌려준다며 그것을 되밀었다. 재차 얼마 안 있어 지나가는 다른 물고기 장수를 불러 들여서 같은 식으로 약간 커다란 도미로 살짝 바꾸기를 대여섯 번, 끝내는 한 척尺 정도의 큰 도미로 바꾸어 집안 모두가 주린 배를 채울 수 있었다.

여러 가지로 좋지 않은 궁리만 하다가 때로는 불법으로 먹을 것을 손에 넣을 수 있었지만 오래는 가지 못했다. 결국에 어쩔 수 없이 도둑질을 하여 운 나쁘게 포리捕吏에게 잡혀서 포도대장捕盜大將이 있는 곳으로 끌려갔다. 끌려가는 그 길에 포리들이 담배를 피우며 방심한 틈을 봐서, 그 무렵 도읍에 많이 있던 거지들에게 돈을 줄 터이니 너희들 모두 내 뒤로 붙어서 아버지, 아버지 하고 부르라고 지시하였다. 스물세 명의 거지들이 큰 소리를 내며 슬픈 듯이 아버지, 아버지, 내 아버지 하고 그의 뒤를 애타게 따라왔다. 이윽고 포도대장의 관청에 끌려 들어가서 대장의 조사를 받았다. 대장은 엄숙한 목소리로

"어떤 자이기에 대담하게도 천하의 대법大法을 어기고 다른 사람의 물건을 훔치는 것이냐?"

하고 힐문했다. 그러자 그는 애처로운 목소리로

"도적질을 법령으로 금하는 것을 알고는 있었습니다만 이렇게 보시듯이 자식이 많아서, 도저히 가난한 자의 가는 팔뚝 하나로는 모두 다 키울 수가 없습니다. 아버지, 배고프니 밥 주세요, 아버지, 추워요 하고 옷을 쥐고 매달리니 그만 무의식중에 눈에 보이는 것을 집어 들었습니다."

하고 짐짓 사실인 양 말했다. 문밖에는 많은 거지들이 한층 큰 소리로 아버지여, 아버지여, 우리 아버지여 하고 불러 댔다. 이 광경을 보고 포도대장도 자기도 모르게 측은한 마음이 들어

"실로 딱한 신세로구나. 네가 도둑질하는 것도 나쁜 마음으로 한 것이 아니니, 이번 한 번은 용서해 주겠다. 두 번 다시는 용서하지 않겠다. 어서 가거라." 하고 방면해 주었다고 한다.

(一) 가늘고 짧은 봉으로 엉덩이를 닦는다고 하는 것은 일본인에게는 몹시 이상하지만, 이 나라에서는 아주 보통이다. 내가 자주 본 바에 의하면, 조선의 하등사회의 소아들은 똥을 누고 닦는 일이 오히려 드문 것 같다. 훌륭하게 수염을 기른 성인들도 우리 일본인같이 변소에 간다고 종이 등을 준비하는 사람들은 없다. 대부분은 그 근처에 아무렇게 떨어진 볏짚부스러기 한 움큼 쥐고 가서 어떻게든 능숙하게 닦아낸다. 이러하니 하물며 손을 씻는다는 것은 꿈에도 생각지 못할 일이다.

조선의 학교 등에 변소를 신식으로 만들어 여기에 손 닦는 곳을 만들기는 했지만 소수의 일본인이 이것을 사용하는 방법을 알 뿐이며, 한인은 왜 이렇게 불필요한 것이 있는가 하고 의심쩍어 한다. 원래 한인과 일본인은 청결에 대한 기준이 다르다고 모두가 말하지만, 특별히 대소변에 있어서 그러함을 볼 수 있다. 우물 옆에 오줌똥을 싸는 변소가 있는 것은 이 나라에서는 이상하지 않으며, 경성의 모든 가옥의 최대 공동변소인 성내城內의 도랑에 매일 아침 세수를 하는 자가 몇 백 명이나 되는지 모른다. 또는 소아의 소변을 묘약이라 해서 궁중에서 묘약의 제조원으로 쓰이는 소아를 기르고 이를 변동便童이라 이름을 붙여 국왕의 병환 시에는 우유를 짜듯이 소변을 짜내어 드시는 일 따위는 생각건대 도저히 일본인이 상상할 수조차 없는 것이다.

나의 경험에 의하면 이 나라는 학교에서 변소를 일주일간, 청결하게까지는 아니더라도, 불결하지 않게 유지하는 것은 매우 어려운 일로서 나는 몇 번이나 시도했다가 결국 실패하였다. 살짝 얘기

하지만, 한인은 청결한 변소보다는 청결하지 않은 변소에 들어가는 것이 마음이 편하고, 용변하기 쉽다고 느끼는 것 같다. 몇 해 전 내가 집에 두세 명의 한인을 숙박 시켰을 때, 그들에게 어떠한 방식으로 신식변소에 가야 하는지를 말해 주었음에도 불구하고, 그들은 모두 한결같이 불결한 옛날 변소를 택하여 그곳으로 갔다. 그 일을 생각하며 이것을 돌아보니, 한인과 공동생활을 했던 일본인의 노고, 결국에 곤란을 극복하고 오늘의 거류지의 기초를 세운 선봉 도한자渡韓者의 공로를 위대하다고 하지 않을 수 없다.

완역 조선이야기집과 속담

15. 눈뜬 자가 맹인을 속이다明者欺盲者

옛날 옛날에 이 나라의 도읍에 한가한 무법자가 있었다. 항상 맹인들의 모임장소인 도가都家라고 하는 곳에 잠입해서 맹인 흉내를 내고 그들의 회식 때마다 그 좌석에 섞여 만족할 때까지 주린 배를 채우고 있었다. 어느 날 맹인들이 오늘부터는 한사람씩 돌아가며 모두를 초대해 대접하는 것으로 하고, 합의를 해서 제비를 뽑아 순서를 정하고, 당첨된 자부터 순서대로 매일 향응을 베풀게 되었다. 머지않아 순서는 눈이 보이는 그에게도 돌아와, 내일이면 자기 집에서 맹인들을 초대하여 향응을 해야 하는 처지가 되었다.

무법자가 다 그러듯 집은 항상 아무것도 없고, 일가 네 명 입에 풀칠하기조차 어려웠기 때문에 부덕이라 알면서도 맹인들을 속여 여분의 밥을 먹는 자였다. 이러하니 이런 많은 손님들에게 탁주 한 잔 내올 여력이나 있겠는가. 어떻게 해야 할지 처에게도 의논하고, 궁리하던 끝에 하나의 묘책을 생각해 내고는 '탁' 하고 손을 치며 이제는 걱정 없다고 활짝 웃었다. 그리고 도가에 가서

"내일은 제가 모두를 초대해 조주粗酒를 대접하겠습니다."

라고 정중하게 청하였다.

이윽고 다음날이 되어 아침 일찍 아내를 서두르게 하여, 여기저기 선술집에서 버린 소뼈를 많이 얻어 오게 하고, 도자기집에도 가게 해서 깨진 설구이 도자기를 얻어 오게 하였다. 맹인들이 도착할 무렵부터 열심히 그 소뼈를 굽는다. 이윽고 내방한 맹인들은 눈은 보이지 않지만, 개와 같은 예리한 코로 연신 달콤한 냄새를 맡으면서,

'실로 오늘은 굉장한 성찬을 준비했구나.'

하고 즐거워하며 이야기를 하고 있었다. 이미 손님들이 모두 늘어앉은 것을 보고, 그는 막대기 끝에 얼마 안 된 똥을 하나 문질러 바르고 한 사람의 맹인의 코끝에 갖다 댔다. 금세 그 자는 코를 킁킁 거리며

"거참 지독한 방귀가 다 있네! 누가 방귀를 뀌었구나."

하고 말했다. 또 그 다음의 맹인의 코끝에 갖다 댔다. 이 자도 마찬가지로 안색이 바뀌어,

"아 견딜 수 없는 방귀네. 그것 참 누가 뀐 거야?"

하고 욕을 한다. 또 다음 맹인의 코끝에 갖다 댄다. 이리하여 모두의 코끝에 갖다 대자 그 안에서도 성격 급한 한 사람이, 누군가에게

"자기가 방귀를 뀌었으면서 내 눈이 보이지 않는다고 업신여기고 내가 이렇게 지독한 방귀를 뀌었다고 생트집을 잡는 것은 괘씸하기 짝이 없다. 이대로 가만히 둘 수는 없다."

고 씩씩거렸다. 그러자 자기 이름이 불린 아무개는

"무슨 말이냐! 내가 이 지독한 방귀를 뀌었다니. 나라는 증거가 있는 게냐? 필시 자기가 뀌어놓고서 나에게 덮어씌우는 속셈이지."

하고 보이지 않는 눈을 부릅뜨고 팔을 휘둘렀다. 저쪽에도 또 이 같은 활극,

이쪽에도 또 이 같은 활극. 때는 이때다 싶어 주인이란 녀석은 처에게 눈짓하여, 그 설구이 도자기의 파편들을 살짝 맹인들 앞에 늘어놓았다. 이윽고 말싸움만으로는 모자라서, 혈기가 넘치는 한 맹인이 주먹을 휘둘러 상대를 때렸다. 맞은 맹인은

"이 녀석 죄 없는 나에게 죄를 덮어씌우고 또 때리기까지 하다니 천하에 둘도 없는 무법자일세."

라며 되받아 때린다. 심야에 근시안인 싸움 좋아하는 올빼미가 백주白晝에 싸우는 것보다도 훨씬 심한 맹인들의 싸움인지라, 소리가 나는 곳을 향해 주먹을 휘둘러도 맞는 녀석은 전혀 엉뚱한 놈이다. 이윽고 싸움은 사방으로 번져서 그 곳에 모인 맹인 모두가 일어나서 상대를 가리지 않고 서로 치니, 앞에 늘어놓은 설구이 도자기는 발에 차이고 손으로 던져져, '쨍그랑, 쨍그랑, 퍽' 하고 어지럽게 울려 퍼져, 마치 지금 막 깨지는 것과 같았다. 이윽고 맹인들은 끝없는 싸움에 힘도 떨어졌고, 주인부부가 당황한 마냥 싸움을 말렸기 때문에 이를 계기로 모두 힘없이 자리에 앉아, 어처구니없는 일을 치렀다고 한숨을 내쉰다. 주인부부는 계속해서 설구이 도자기의 부서진 파편을 주워 모아, 이윽고 '아이고' 하고 울기 시작하며

"모처럼 모두가 오신다고 해서 여러 가지 음식을 준비했는데, 생각지도 못한 싸움이 일어나, 들으신 바대로 밥공기 접시 일체가 깨져버려, 음식을 내어 담을 그릇이 없습니다. 이 노릇을 어쩌면 좋겠습니까?"

하고 한탄하였다.

맹인들은 자기들이 나잇값을 하지 못하고 어린애 같은 싸움을 해서, 이처럼 그릇을 깨뜨렸기 때문에 한마디도 할 수 없었다. 인사도 하는 둥 마는 둥 참으로 주인에게 면목 없다 말하며 나갔다. 그 다음 날 맹인들이 도가에

모여, 어제는 참으로 모 씨에게 미안했다고 하여,

"우리 모두 지금 돈을 모아서, 적어도 부서진 그릇의 대금만이라도 보상하지 않으면 박정하다 할 것이오."

라고 하며, 적지 않은 돈을 모아 그에게 보냈다고 한다.

16. 맹인이 요마를 쫓아내다盲者逐妖魔

한 번 발길을 경성의 한인 정韓人町에 들여놓은 적이 있는 사람은 앞뒤로 괴상한 소리를 질러대며 지팡이를 짚고, 무엇인가 부르며 걷는 맹인들을 볼 수 있다. 일본식으로 생각해 보면 '안마按摩 위아래 십 전', 그런 것이라고 생각하기 쉽지만, 실은 그들은 모두 점쟁이[1]이다. 눈은 보이지 않지만 사람의 생년월일을 듣고 그 사람의 운수의 화복길흉은 물론 현재 직면한 사건의 성패까지도 묻는 족족 점을 쳐 가르쳐 준다. 그리고 그들에게는 또한 그들만의 기술이 있고, 이를 채득하여 그 경지에 이르면 어엿한 명인으로서 세인의 존경을 여간 받는 게 아니다.

민비閔妃가 살아있었을 무렵 경성에 이 씨라고 하는 한 맹인이 의도치 않게 점을 친 것이 신기하게 적중하여 민비의 두터운 신앙을 얻어, 그때부터 궁중에 출입하여 고위의 양반들에게도 초대를 받아, 한때 그 재산이 산처럼 쌓였다. 그 남자는 맹인으로 미천한 계급이지만, 특히 한왕韓王의 배려로 무관학교의 입학을 허락받아 사관士官에 임용되었다. 지금은 맹인들도 사회가 진보함에 따라 한가해져 극심한 생계 난을 겪고 있지만, 옛날

---

1 원문에는 '점복자占卜者'로 표기되어 있음.

의 그들은 꽤 호의호식하며 첩까지 두는 자도 적지 않았다고 한다.

옛날 옛날에 경성에 그 길의 명수로 고명한 맹인이 있었다. 이미 심오한 기술을 터득하여 경지에 이르렀고, 영이 깨끗하여 통찰함이 눈뜬 자를 능가하여 눈은 보이지 않으면서도 보통사람과 같이 자유롭게 보행했다. 특히 유계幽界에 속한 귀신요마鬼神妖魔⁽⁻⁾의 모습을 분명히 알아보고, 귀신을 잡고 요마를 쫓아내는(捕鬼逐魔) 큰 위력을 갖고 있었다.

어느 날 그가 경성의 대로를 가는데, 어느 곳 연회에 보내지는 것처럼 보이는 장식과자가 담긴 쟁반 위에 녹색 옷을 입고 다홍치마를 입은(綠衣紅裳) 요마가 춤추고 거닐고 있는 것을 발견하고,

'불쌍하도다. 이 요마가 붙은 과자를 들이는 집안사람은 요마 때문에 상해를 입을 것이다. 죄도 없이 귀중한 생명을 요마에게 빼앗기니 불쌍한 사람이로구나. 구해주지 않으면 안 되겠다.'

하고 그 장식과자의 뒤를 쫓아가 보니 한 부잣집으로 들어갔다. 맹인은 이 요마가 이곳의 누군가에게 달라붙을 것이라고 생각하고, 잠시 문 앞에 서서 안쪽을 들여다보니, 금세 집 안쪽에서 큰 소란이 일어나 집의 아가씨가 지금 급사하셨다는 소리가 이곳저곳에서 들려왔다. 맹인은 퍼뜩 문 안으로 들어가

"제가 따님을 소생시켜 구해드리겠소. 어서 이것을 주인에게 아뢰시오." 하고 들어갔다. 주인도 이미 딸은 숨이 끊어졌는데 설령 소생하지 않는다손 치더라도 더 나빠지는 것도 아니고, 만일 맹인의 말처럼 소생하기만 하면 만금으로도 바꿀 수 없는 집안의 보물을 되찾는 것이라 생각하여 급히 나와 매우 공손하게 시술施術을 청하였다. 그가 조용하게 말하기를

"저에게 방법이 있으니 걱정하지 마십시오. 이번에야말로 그 악귀를 퇴

치하겠습니다. 따님을 방안으로 옮기고 저도 그 방에 머물러서 술법을 부리겠습니다. 단 창문의 부서진 부분은 물론, 세세한 틈까지도 모두 종이로 바르고 막아 바늘구멍도 새지 않아야 합니다."

라고 했다. 이윽고 모든 준비가 다 된 어느 작은 방에 들어가, 묘법妙法의 경전을 독송하며 일심으로 요마를 조복調伏하려고 했으나, 요마는 조복당하지 않으려 했다. 죽은 딸의 몸이 벌떡 일어나 맹인과 서로 치고 싸우는데, 넘어지고 일어설 때마다 그 목소리가 방 밖까지 새어 나왔다. 하지만 이윽고 요마는 법의 힘에 눌려 무릎을 꿇을 지경이 되었다. 이때 아가씨의 몸종이 너무나도 오랫동안 방에서 맹인이 나오지 않고, 단지 '으음' 하는 무서운 신음소리와 넘어졌다 일어났다 하는 싸움 소리만 무섭게 들릴 뿐이어서 주인의 신상이 매우 걱정이 되었다. 이에 몸종은 살금살금 방 앞으로 와서 살짝 새끼손가락에 침을 바르고 창호 문에 작은 구멍을 내어, 한쪽 눈을 대고 안을 살펴보았다. 이때 도망갈 틈을 얻은 요마는 총알과 같이 이 구멍을 통해 달려 나갔다. 그 바람에 마침 안을 들여다보고 있었던 여종의 한쪽 눈은 맞아 찌부러져 사시가 되었다. 동시에 몸에 붙은 요마가 도망갔기에 아가씨는 마치 깊은 잠에서 깨어난 듯, 이리저리 사방을 둘러보고 놀랄 뿐이었다. 맹인은 이 상황을 파악하고 큰 목소리로 주인을 불러, 되살아난 따님을 넘겨주었다. 맹인은 주인의 극진한 예의와 감사의 말도 뒷전으로 하고 큰 한숨을 쉬며 말하기를

"아 나의 생명이 길지 못하겠구나. 이번에야말로 그 요마를 조복시키려고 묘법력妙法力의 술법을 행했는데 누군가 그를 위해 도망갈 틈을 만들어 주어 결국 허공으로 도망쳐 버리게 하였다. 원통하도다, 원통하도다. 요마는 반드시 나에게 복수를 할 것이다. 나의 생명도 길지 않을 것이야."

라고 했다. 맹인은 한탄하며 어떤 답례품도 받지 않고 저택을 떠났다.

그의 묘술妙術은 이미 신의 경지에 이르렀다는 소문이 점점 세상에 널리 퍼져, 당시의 왕의 귀에까지 들어갔다. 이 왕은 매우 영명하셔서 쉽게 소문을 믿으려고 하지 않았다.

'성인聖人은 괴력난신怪力亂神을 설하지 않는다. 야인野人이야말로 호리狐狸에게 현혹당하기 쉽다. 요즘의 괴이한 그 맹인의 법력에 관한 소문은 필시 속인俗人을 홀리는 교활한 자의 못된 장난일 것이다. 그 녀석을 내 앞으로 끌고 오너라. 내가 친히 이자를 시험해 보아 그 정체를 폭로하리라.' 하고 신하에게 명령하여 그 맹인을 불러오게 하였다. 왕은 쥐 한 마리를 맹인 앞에 놓아두고

"네 앞에 무엇이 있느냐?"

하고 물으시니, 그는 조금도 주저 없이 쥐라고 답했다. 그렇다면 몇 마리 있느냐고 거듭 물으니, 세 마리 있다고 대답한다. 이때 왕은 껄껄 웃으며,

"이제 너의 정체가 드러났구나. 눈이 보이는 우리들이 이렇게 여기에 한 마리 쥐를 놓았는데, 세 마리라고 한 것은 맹인의 추측일 뿐이다. 어찌 자신의 실수를 알 수 있겠느냐."

하고 말했다. 그래도 그는 조금도 동요하지 않고, 끝까지 세 마리이며 한 마리는 아니라고 아뢴다. 왕은 결국 격노하셔서

"세상을 속이고 사람을 속이는 자는 도적이다. 도적은 우리나라에 살려 둘 수 없다. 이에 사형을 선고한다."

하고 즉시 동소문東小門2 밖의 형장으로 끌고 가서 목을 베라고 엄명했다.

---

2 조선 시대 도성都城의 동북쪽 문 이름. 서울의 팔대문八大門 가운데 하나로, 홍화문弘化門이 라고도 했음. 현 서울 종로구 혜화동에 위치했음.

이윽고 옥리獄吏가 그를 끌고 가 사라진 뒤, 왕이 다시금 생각해 보니

'그 맹인이 쥐라고 한 것은 정말로 적중했는데, 쥐라는 것을 맞힌 자가 그 숫자를 틀렸다는 것은 이치에 맞지 않는 일이다. 혹시 뱃속에 쥐새끼들이 있는 걸까?'

하여 명을 내려 쥐의 배를 가르게 하시니, 이미 형태를 갖춘 쥐새끼 두 마리가 힘없이 기어 나왔다. 왕을 비롯하여 늘어선 군신들은 모두 몹시 놀라 창백해졌고, 왕은 더욱 찬탄하며

"실로 그는 신인神人으로 우리나라의 보배로다. 생명을 잃게 해서는 큰일이니라."

하고 급히 서둘러 앞서의 명령을 철회하려고 해도, 이미 멀리까지 끌려갔기 때문에 어떠한 준마駿馬도 형벌 시행 전에 따라잡을 수 없었다. 그래도 전제정치였던 이 시절에는 또한 그에 따른 응급수단의 방법이 있어, 사형으로 정해진 죄인이 형장에 끌려가 이슬로 사라질 그 찰나까지, 여전히 국왕이 이를 사면할 수 있는 권리가 있기 때문에 왕성의 동쪽 끝에 망루를 세워, 여기에서 하얀 깃발을 흔들어 신호를 보내게 되어 있다. 오른쪽으로 나부끼면 특사特赦의 표시, 왼쪽으로 나부끼면 목을 치라는 명령의 표시이다. 왕은 서둘러 신호수信號手에게

"오른쪽으로 흔들어라."

하고 명령하였고, 신호수는 큰 깃발을 들어 올려 있는 힘껏 오른쪽으로 흔들었다. 하지만 불가사의하도다, 갑자기 요상한 바람(妖風)이 불어와서 깃발을 왼쪽으로 나부끼게 했다.

'이것은 도대체 어찌된 일인가.'

하며 왕도 신호수도 당황하여 다시 오른쪽으로 흔들어 보았지만, 요상한

117

바람은 점점 강해져서 더욱더 왼쪽으로 나부낄 뿐이었다. 더 이상 손 쓸 도리가 없어 왕은 발을 동동 구르며 애석해하고 슬퍼했지만 어쩔 수 없었다. 형장에서는 이제나저제나 신호가 떨어지기만을 기다리고 있었는데, 큰 깃발이 펄럭펄럭 길게 왼쪽으로 나부꼈다. 형장에서는 이에 살아날 길은 없다고 판단하여 서슬이 시퍼런 칼을 번뜩이며 신인을 내리쳤다. 신인의 머리와 몸통이 땅에 떨어졌다. 이때에 하늘에서 웃음소리가 들리고, 요상한 바람이 다시 잠잠해졌다. 신호대의 큰 깃발은 오른쪽으로 펄럭이고, 특사의 명을 전하는 왕의 사신이 땀으로 뒤범벅이 된 말을 채찍질하며 백보 안으로 가까이 다가왔다.

(一) 이 나라의 우민愚民이 믿는 주된 귀신을 열거해 보니 그 수가 대단히 많다.

○ 옥황상제玉皇上帝 — 하늘을 가리키는 것으로서, 모든 귀신의 왕이다. 그래서 인민도 직접 이 신에게 기도를 하는 것은 너무나도 불경스럽다고 하여, 주로 그 이하에 있는 여러 귀신에게 기원하는 것을 도리로 한다.

○ 산신山神 — 소위 산의 신이다. 각 산에는 각각 하나의 신이 진좌鎭坐하기 때문이다. 그래서 산에서 묫자리를 가려잡을 때, 우선 그 산의 산신에게 술과 안주를 올림으로써 산신의 기분을 좋게 해주는 것을 도리로 한다.

○ 관제關帝 — 관우關羽를 일컫는다. 관우는 옛날 도요토미 태합(豊太閤)의 임진역壬辰役[3] 때, 그 영을 경성의 성문에 드러내어 일본병사

118

를 물리쳤다고 해서, 이후 한제韓帝가 깊이 신앙했으며, 무격巫覡도 또한 이를 수용하여 귀신의 하나로 신앙하였다. 황신荒神으로서 효험이 무척 신통했다고 한다.

○ 오방신五方神 ─ 동, 서, 남, 북 및 중앙의 신장神將이다. 또한 청, 백, 적, 흑, 황제黃帝라고도 하며, 또한 봄, 여름, 가을, 겨울과 짝을 짓기도 한다.

○ 용신龍神 ─ 수계水界의 왕이다. 잉어가 오랜 세월이 지나면 용으로 변하고, 뱀 또한 용이 된다고 전해진다.

○ 성황당城隍堂 ─ 이미 앞서 설명하였다.

○ 부군당府君堂 ─ 일본식으로 이야기하면 소위 우지가미氏神이며, 따라서 정해진 형체(定體)가 없다.

○ 지도장승指導長承 ─ 조선 리里로 수십 리, 즉 일본의 1리마다 길가에 서 있어 방향을 가리키는 말뚝이다. 이것에 신이 빙의憑依한다고 전해진다.

○ 걸립乞粒 ─ 저택의 신으로, 각 집안은 모두 이것을 제사지낸다.

○ 업위양業位樣 ─ 한집의 운수를 맡는 신으로, 쌀과 뱀·족제비·돼지 같은 동물을 병 또는 자루 안에 넣어 신체神體로 한다. 이사 갈 때에는 이것을 가져간다.

○ 산신産神 ─ 출산의 신으로서 신의 모습은 노파이다.

○ 성주成主 ─ 각 집의 수호신으로, 종이에 쌀·돈·떡 등을 싸서 집의 들보에 붙여 놓는다.

---

3 도요토미 히데요시豊臣秀吉가 일으킨 임진왜란.

○ 칠성당七星堂 — 북두칠성을 모시는 것으로, 수명을 기원한다. 신체神體는 불형칠인佛形七人이다.

○ 최영崔瑩 장군 — 고려 말의 대장군이다. 무격에서는 가장 두려워하고 가장 자주 기원하는 신으로서 다른 신들에게 기원을 하는 경우에도 마지막에 이 장군에게 기원하는 것을 관례로 한다. 개성開城의 덕물산德物山에 본적本迹이 있다.

○ 말명末命 — 떠돌아다니는(浮行) 귀신이다.

○ 노인성老人星 — 남극성이다. 북두성과 같고 사람의 수명을 관장한다.

○ 호구별성戶口別星 — 마마媽媽 신이다. 강남江南에서 왔다고 한다. 마마의 14일째에 이 신을 배웅한다. 봉으로 말 형상을 만들어, 여기에 쌀 등을 담은 가마니를 쌓고 마부馬夫를 고용하고 무녀가 무답舞踏하여 이것을 끌고 나간다. 마부는 나중에 그 쌀을 먹고 그 말을 버린다.

○ 주주廚主 — 부엌의 신이다. 불결한 나무를 지필 때에 화를 낸다고 한다.

○ 측신厠神 — 변소의 신이다. 변소에 신이 있기 때문에 변소에 갈 때에는 보통의 집에 들어갈 때처럼 헛기침을 해야 하며, 또한 밤에는 불을 켜고 들어가야만 한다. 그렇지 않으면 변소의 신이 노한다고 한다. 하지만 이러한 이야기는 어쩌면 변소는 은밀한 곳이기 때문에 안에 이미 사람이 있을 시에, 모르고 들어가려고 하는 폐해를 막기 위한 전설일 수 있는데 명확하게는 알 수가 없다.

○ 태상노군太上老君 — 도군황제道君皇帝로 노자老子를 말하는 것일

120

까. 생각건대 조선의 미신은 도교와 불교의 혼합에서 생겨난 것이다. 그 도군을 제사지내고 부처님에게 기도하는 것도 이 때문이다.

○ 태주胎主 — 마마로 죽은 어린 소녀의 손가락을 자름으로 해서 빙의하는 신이라고 한다. 여인에게만 빙의한다. 태주를 가진 요녀妖女는 항상 사람의 말소리를 대들보 위 혹은 공중에서 듣는다. 어리석은 여인은 길흉화복의 판단을 이것에 의탁하니, 어린 소녀의 목소리로 하나하나 빠짐없이 가르쳐 주고 척척 적중한다고 미신을 믿는다. 그런데 지금은 사회를 혼란시키는 것으로서 금지했기 때문에, 공공연한 태주가胎主家는 없다. 단지 몰래 미신을 믿는 여자의 수요에 응하여 이것을 행하는 요부妖婦가 있을 뿐이다.

이들 귀신과 관련해서 자주 사람과 귀신과의 매개를 담당하는 자를 격覡(무당)이라고 한다. 조선의 전설에 의하면, 그들은 처음부터 무당에 지원을 한 자가 아니다. 중년이 되었을 무렵 갑자기 신이 내려 이에 어쩔 수 없이 무당이 된다. 그의 남편이 이를 허락하지 않으면 신이 더욱 신들린 여자를 괴롭히며, 결국에는 무당의 무리에 들어가 비로소 용서받게 된다고 한다.

완역 조선이야기집과 속담

17. 기생열녀妓生烈女

옛날 옛날에 천한 기생의 신분으로 열녀의 정표旌表를 받아, 열녀문을 하사받은 정녀貞女가 있었다.

도읍의 양반은 아니지만, 문벌이 천하지 않은 토반土班의 독자가 아버지를 일찍 여의고 홀어머니 손에 자라, 상당한 집안 출신인 아내를 맞아들여 아무 불편 없이 살고 있었다. 그러나 그의 집은 삼대째 아들 하나뿐인 불길한 가계로 그 증조부도, 그 조부도, 그 아버지도 혼인해서 남자 한 사람을 낳고 곧 사망하여, 유복자遺腹子는 어머니에게 길러지는 것이 이 집안의 내력이었다. 그래서 그도 같은 운명에 처할 것이라 생각하여, 부부라고 하는 것은 이름뿐으로 절대로 동침하지 않았다. 어머니도 아들의 속내를 알고 있었기 때문에 강요할 수 없었다. 일가一家 3인 가족이라는 불행한 운명을 탄식하면서 우울한 나날을 보냈다. 어머니는 어느 날 아들을 불러서

"공연히 집에만 있기 때문에 더욱더 우울해지는 법일세. 잠시 기분전환으로 이곳저곳 유람을 하고 오시게."

하고 많은 여비를 주고 하인 한 명을 거느리고 여행길에 오르게 했다. 당시

평양平壤의 감사監司는 그의 친척이었기 때문에 우선 평양을 향해서 주행야침晝行夜寢하여 이윽고 도착하여 감사의 집 손님으로 머물게 되었다. 감사의 친척이라고 해서 서인庶人들은 극진히 존대하였다. 밤낮으로 열리는 잔치에 정성을 다하고, 특히 평양은 조선 제일의 기생의 명소라고 해서 꽃과 달 같은 명기名技들로 하여금 시중들게 하여 그가 원하는 대로 따르게 하였다. 나이가 아직 젊은 그였기에 미인에게 정이 가서 두 명이나 세 명은 마음에 들어 총애할 것이라 모두가 기대했지만, 비록 여자를 싫어하는, 마음이 고약한 사람은 아닌 것 같았지만 무슨 이유인지 마음을 허락하는 기생은 없었다. 바람이라도 조금 불면 흩어지는 싸리의 이슬 같은 명기들에게도 바지 자락 조금이라도 젖어서는 안 된다는 듯 너무나도 엄격한 그의 의아한 행동은 평양의 불가사의 중의 하나가 되었다.

하루는 평양의 관인들이 모여 이름 있는 기생은 전부 불러서,

"자, 그대들도 아는 감사 댁에 계시는 공자는 문재文才와 풍류를 겸비했으면서도 한 번도 천진天眞[1]을 토로했다는 소리를 듣지 못했다. 이대로 이곳을 떠난다면 기생의 명소로 알려진 이 지역의 불명예가 될 것이다. 그대들 중 누군가 어떤 수단과 방법을 써서든 그가 정을 쏟게 할 수는 없는 겐가? 성공한 자에게는 우리들 모두가 평생 사는 동안 풍족하게 뒤를 봐주겠다."

라고 하였다. 기생들은 근래에 보기 드문 어려운 문제라고 깊이 생각에 잠겨 바로 대답하는 자가 없었다. 잠시 후 명기 중의 명기인 아직 나이 20세가 되지 않은 한 미인이 부끄럽다는 듯 나와서

---

1 세파世波에 젖지 않은 자연自然 그대로의 참됨. 여기서는 젊은 남자라면 당연히 가질 만한 아름다운 여인에 대한 관심.

"제가 그 큰 임무를 맡겠습니다. 이 지역을 위하여 그 분을 이대로 그냥 계시지 않게 하겠습니다."

라고 맹세했다. 그때부터 미인은 낮이나 밤이나 그에게 접근해서 비첩婢妾[2]의 노릇을 자처해서 수행하고 종종 같은 방에서 자면서 친밀하게 모셔도 방안에 얇은 휘장을 한 장 치고 조금도 속정을 드러내 주지 않았다. 모든 방법을 다 쓴 미인도 끝내는 포기하고, 정말이지 이상하게도 완고한 공자님이구나 하며 친한 기생에게 탄식을 했다.

꽃은 지고 물 흐르듯 세월은 흘러, 벌써 2년이 훌쩍 지나자 그도 매일 고향이 그리워져, 감사에게 작별을 고하고 고향으로 돌아가고자 하였다. 미인은 특히 이별을 슬퍼하여

"당신이 사는 집은 어디 있습니까. 소첩도 필히 당신이 그리워 찾아가겠습니다. 나에게 가혹한 사람이 이렇게 그리우니."

하고 맑고 아름다운 눈에 한 점의 이슬을 머금고 참으로 원망스런 표정으로 말했다. 그도 기생의 흔한 수법이라고 마음속으로 웃으면서도

"사모해 왔다면 남자로서 신불의 도움이 컸었나 봅니다."

라고 말하며, 고향 가는 길을 상세히 알려 주었다. 그리하여 고향에 가서 모친과 처에게 여행지의 이야기를 하며 2, 3일 지내니, 갑자기 평양에 있는 그 미인의 아름다운 가마가 집으로 들어오는 것이 아닌가. 놀라면서도 그 진심에 감동하고 기뻐서, 모친에게 사정을 터놓고 이야기하여 따로 방을 꾸며 첩으로 살게 하였다. 처도 빼어나게 가련한 용모를 갖고 있었다. 하물며 첩은 천하의 명기. 달과 꽃을 좌우에 두고 봄과 가을이 동시에 치장을 하고 교태를 부리는 그러한 행복을 누리는 신분이나, 승려도 아니면서 승

---

2 종으로 첩妾이 된 계집.

려보다 더욱 계율을 굳게 지키는 그의 운명이야말로 참으로 불쌍하도다.

그러나 그도 꽃이 피는 아침, 달이 뜨는 저녁, 우두커니 정원을 바라보다 절실하게 자기 신세를 되돌아보았다. 꽃도 반드시 질 것이고, 달도 한번은 이지러지는 법, 영원히 살지 못하는 인간은 삼가도, 삼가지 않아도 필경 오늘 죽을까 내일 죽을까의 차이일 뿐이다. 이대로 늙어 허망하게 죽는다면 사람으로서 인생의 진미眞味를 헤아리지 못한 후회가 얼마나 클 것인가. 자 오늘 밤은 금기를 깨볼까 하고 일단은 결심했지만,

'아니다 아니야, 증조부·조부·가엄家嚴, 3대의 선인들도 지금의 나와 같이 종국에 어머니보다 생을 먼저 마감하는 불행한 아들이 되지 않았는가. 지금의 생각이야말로 우리 집안의 마魔다.'

라고 생각하며 계속해서 계율을 지켰다. 하지만 지계持戒의 신념은 등신等身의 제방이고, 인간의 즐거움은 큰 강의 홍수와 같다. 종국에는 이것을 어기고 하룻밤 처와 진정眞情을 나누게 되어 버렸다. 그날 밤 꿈에, 머리와 턱수염이 눈처럼 흰 노인이 위풍당당하고 엄숙한 사람 앞에서 머리를 조아리고 간청하는 모습을 보았다. 그들의 이야기하는 소리를 들어 보니, 흰 머리를 한 노인이야말로 나의 아버지이시고, 무서운 사람은 최명판관崔命判官⁽¹⁾이었다. 아버지는 피눈물을 흘리며 자신의 자식을 위하여 연명을 해달라며 애원한다. 최명판관은 완강하게 그것은 천제天帝가 이미 정하신 것, 이제 와서 어찌할 수 없는 것으로 금년에는 반드시 죽는다고 내뱉는다. 더욱더 아버지는 머리로 땅에 치며 백발을 피로 물들이며 애원하니, 재판관도 결국 지극한 인정에 마음이 움직여

"자식을 생각하는 너의 정에 나 또한 감동했다. 그렇다면 너의 자식이 오래 사는 법을 알려 주겠다. 내일 아침 일찍 너의 집 앞을 도검을 파는

상인이 지나갈 것이다. 너의 자식은 제일 예리한 검을 사서 날을 갈아서 베갯머리에 두고 자게 하라. 야밤에 창을 열고 들어오는 자가 있을 것이다. 그것이 누구든 즉시 검을 잡고 그 머리를 베서, 그 목을 들고 집 밖으로 나와 무작정 달리게 하라. 그러면 죽음을 피하고 팔십 세까지 살 수 있을 것이다."

아버지는 이 말을 듣고 머리를 조아려 절하며 은혜에 감사하였다. 이러한 꿈을 꾸고 잠에서 깨어났다.

다음 날 아침 그는 어젯밤은 희한한 꿈을 꾸었구나 하며 망연히 있었는데, 그때 큰 소리로 부르며 문 앞을 지나는 칼 파는 상인이 있었다. 너무나도 꿈과 일치하여, 서둘러 불러 세워 가장 훌륭하고 예리한 검을 한 자루 사서 날을 갈게 하고, 은밀하게 자신이 자는 곳에 숨겨 두었다. 그날 저녁 한밤중이 되자, 누군가가 창을 밀어 열고 잠자는 체하고 있던 그를 향해 다가왔다. 그렇다면 꿈이 정말로 맞았구나 하며 잠자코 베갯머리의 검을 잡고 놀라는 도둑의 목을 베고, 그 목을 소매에 싸서 준비된 돈을 꺼내 어두운 밤을 목적지도 정하지 않은 채 서둘러 줄행랑을 쳤다. 다음 날 아침 주인이 너무 늦게 일어나기에 어머니를 비롯하여 처와 첩이 모두 이상하게 여기고, 하인에게 명령하여 침실의 창을 열게 하니, 방 전체가 피로 홍건하였고, 주인은 누군가에게 잠든 사이에 목이 베었는지 그 자리가 선혈이 낭자하게 잘려 있었다. 어머니와 처 그리고 첩을 비롯해 많은 머슴들의 놀람은 이루 말로 표현할 수 없었고, 특히 마음이 약한 어머니와 처는 쓰러져 소리 높여 큰 소리로 울부짖었다. 그러나 그렇게 있을 수만은 없어서 상을 치러 장례식을 거행했으니, 처는 그날부터 과부가 된 자신의 슬픈 인연을 한탄했다.

어느 날 첩은 어머니와 본처가 같이 있는 것을 보고, 한껏 목소리를 낮추고,

"부인은 땅에 묻은 사람을 남편이라고 확신하십니까?"

라고 묻자, 처는

"두말할 것도 없이 우리 남편이오. 남편이 아니면 누구겠소?"

라고 대답한다. 첩은 더욱더 목소리를 낮추어

"부인은 오랜 세월 같이 사셨지만 아직 부군의 몸을 보지 못하셨다고 생각합니다. 저는 잠시 동안의 인연이었지만, 왼편의 겨드랑이에 매우 큰 점이 있는 것을 확실히 보았습니다. 그런데 땅에 묻은 남자의 몸을 확인했을 때 점은 끝까지 찾을 수 없었습니다. 분명 부군이 아닙니다. 부군은 그날 밤 집을 도망쳐 나가 지금은 어느 곳에서 숨어 사시고 있음에 틀림없습니다."

라고 이야기했다. 어머니는 신중히 그 말을 다 듣고,

"실로 네가 말한 것과 같이 내 아들의 왼편 겨드랑이에는 태어날 때부터 큰 점이 있었느니라. 나는 너무 슬퍼서 자네처럼 자세히 남자의 몸을 보지 못해 결국 알아차리지 못했지만 자네의 말을 들으니 혹시나 하는 희망이 생겼네."

라고 말했다. 그러자 첩이 천천히 무릎걸음으로 다가가서,

"어머니 말씀처럼 분명 부군은 아직 살아계심에 틀림없습니다. 해서 첩의 평생소원은 모쪼록 오늘부터 저에게 긴 휴가를 주시길 바라는 것입니다. 나라 곳곳을 누비며 아무리 깊은 산 속에 숨어 있으시다 해도 그리워하는 마음 하나로 언젠가는 찾아내 다시 이곳으로 모셔 오겠습니다. 만약 불행히도 살아 있는 동안 찾지 못한다면 명계冥界에서라도 오시게 하여

내 반드시 어머니와 만날 수 있게 하겠습니다. 제발 허락해 주십시오."
라며 진심으로 애원했다. 어머니는 유곽에 몸담았던 여자와 어울리지 않게 지조 있는 그녀의 인격을 믿었기에 더욱 감격하여,

"진정 자네는 우리 가문의 수호신이란 말인가! 자네라면 어쩌면 일을 잘 해줄지도 모르겠네."
라고 원하는 대로 허락해 주자 그녀는 즉시 검고 아름다운 머리카락을 잘라내고 마로 만든 법의로 갈아입고는, 스님이 쓰는 삿갓을 깊게 눌러 쓰고 금세 비구니로 변하여 목소리도 사랑스럽게 아미타불을 염하며 정처 없는 여행길에 올랐다.

어디를 먼저 찾아야 할지도 몰라 발길 가는 대로 걸으며, 눈에 보이는 사내는 모두 유심히 살펴보고, 탁발로 입에 풀칠하면서 다행히도 병에 걸리지 않고 어느덧 일 년 반이라는 시간이 꿈과 같이 흘러갔다. 전혀 부군 비슷한 사람도 만나지 못해 역시나 여자의 마음은 연약한지라,

"지금까지의 인연은 내가 북쪽으로 가면 그대는 남쪽으로 가시고, 내가 서쪽으로 가면 그대는 동쪽으로 가시니 결국 만나는 날은 오지 않을 것입니다."
라며 슬픔과 근심이 마음에 사무쳤다. 마침 점심때가 되어 어느 집 문에 서서 식사를 청하는데, 그 집의 주인 같은 사람이 식사 청하는 소리를 듣고 손수 음식을 주며 유심히 그녀의 얼굴을 살피고는 진진하게 말하기를,

"참으로 아름다운 비구니로세. 어떤 인과인지는 모르겠으나, 이대로 묻히기에는 너무나 아까운 아름다운 용모요. 나는 몇 해 전에 처를 여의고 아들 하나와 편하게 살고 있는데 많고 많은 혼담에도 지금껏 혼자 살고 있소. 그대가 괜찮다면 하늘이 맺어 준 인연으로 생각하고 오늘부터 부인

이라 부르면 어떻겠소?"

라고 하였다. 이때 그녀는 무언가 이상한 예감에 마음이 묘하게 움직였고, 어쩐지 이곳에 머무르면 남편을 만날 수 있을 것 같은 생각이 들었다.

"그렇다면 말씀하신 대로 따르겠습니다. 다만 비구니에게는 엄격한 법계法戒가 있으니 비구니의 모습으로는 부부의 언약을 맺을 수 없습니다. 이 머리가 석 달이면 자랄 것이니 그 때 비로소 말씀하신 바를 따르겠습니다."

라고 단단히 약속하고는 이에 여행 짚신을 벗고 곡식을 고르는 키와 빗자루를 잡고 그 사람을 모셨다.

전 부인에게서 태어난 외아들은 가까운 서당에 다니며 공부를 하고 있었는데, 자신의 아버지에게 항상 스승에 대한 이야기를 하였다. 이야기하는 것을 들으니 그 스승의 용모와 풍채가 찾고 있는 자신의 부군과 닮은 부분이 있었다. 어느 날 집에 제사가 있는 것을 기회로 삼아 남편과도 상의해서 스승을 모셔 음식을 대접하고자 아들을 통해 다음 날 정중히 스승을 모셔 오도록 했다. 대접할 준비를 정성스럽게 해 놓고 자신은 방의 뒤쪽에 숨어 엿보았더니 역시 틀림없이 자신의 부군이었다. 뛸 듯이 기뻐하며 지금의 임시 남편이 사람들을 접대하는 사이에 자신의 방에서 그동안의 어려움과 괴로움을 구구절절 쓰기를,

'내일 저녁에 마을 밖의 성황당 근처에서 기다리겠으니 반드시 약속을 지켜 주십시오. 하루라도 빨리 돌아가셔서 어머니의 마음을 안정시켜 주십시오.'

라고 썼다. 그리고 이것을 말아서 새 담뱃대 속에 집어넣었다. 다음 날 아들을 불러 스승님께 어제 와 주신 감사의 답례로 어머니께서 이 담뱃대

를 주신 것이라고 전하라고 지시했다. 서당선생은 아이에게 새 담뱃대를 받아 깊은 마음 씀씀이에 감사하고, 이내 담배를 채워 피우려는데, 연기가 통하지 않았다. 속안을 잘 살펴보니 꼬아진 종이가 들어 있었다. 이상하게 여겨 꺼내 펼쳐 보고 사정을 모두 알게 되었고 첩의 성심誠心이 절절히 전달되어 기쁘기 그지없었다. 이윽고 그날 저녁 준비를 모두 마치고 일본이라면 호카부리頰被り[3]에 시리마쿠리尻捲り[4]의 복장을 하고 약속 장소에 가 보니 그녀가 벌써 기다리고 있었다. 서로 손을 잡고 남의 눈을 피해 무사히 자신의 집으로 돌아갔다. 다시 태어난 몸에는 하늘의 재앙도 내리지 않았고 이번에야말로 양손의 꽃, 인간이 누릴 수 있는 모든 즐거움을 맛보며 아이들도 많이 낳고 80세까지 장수하였다고 한다.

이 이야기가 결국 사방에 퍼졌고 군수가 이것을 장례원掌禮院[5]에 아뢰어 칙명을 받아 그녀에게 열녀문을 하사하여, 기생 열녀라고 착한 행실을 세상에 드러내어 널리 알렸다고 한다.

훗날 그날 밤에 몰래 숨어들어 온 도적은 반 몰락한 관인으로 첩이 기생이었을 때 사모하였으나 심하게 거절당하고도 그녀를 계속 연모하던 차, 또 다시 가혹하게 거절당해 그 원한이 남편에게 옮겨져 '이 자만 없으면' 하고 잠입했던 사실이 밝혀졌다.

(一) 옛 조선에는 북두北斗, 남두南斗 두 별이 사람의 수명을 관리한다고

---

3 얼굴을 가리기 위해 머리 위로 수건 등을 둘러쓰는 것.
4 정확한 의미는 알 수 없으나 여행길에 편한 복장으로 긴 옷자락 등을 엉덩이까지 걷어 올리는 것.
5 조선 후기에 궁중 의식·조회 의례·제사와 모든 능陵·종친·귀족에 관한 일을 맡아보던 관아.

믿었다. 이것은 어쩌면 중국 고래의 천문가가 별과 사람의 운명을 연관시킨 것에 기초한 미신일지도 모른다. 따라서 예로부터 수명을 남두·북두에게 기원했다. 또 북두의 승려는 수명 장부를 관리했고 남두는 기입을 맡아 때때로 서로 모여 의논을 하는 일도 있다는 속설도 있다. 실제로 어떤 책에는 경성의 남산에도 때때로 두 별이 만나는 일이 있어 신점자神占者가 천기天機를 읽고 이것을 요절할 운명을 가진 사람에게 알려주어, 그로 하여금 남산에 올라가 승복을 입은 두 별에게 탄원하게 하여 결국 수명을 10년 더 늘렸다고 하는 이야기가 항간에 전해진다.

18. 버짐병 아이가 비를 맞추다 癬疥病童知雨

　옛날 옛날에 도읍에 유명한 부자가 있었다. 남자아이 없이 딸아이만 하나 있었는데 용모가 마치 봄꽃이 아침 바람에 웃는 듯, 가을 달이 구름 사이에 뜬 듯, 완벽한 절세미녀라 할 수 있었다. 그리하여 그는 어떻게 해서든 천하의 명사를 얻어 사위로 하여금 훌륭하게 가문의 이름을 높이게 하고자 하는 마음에, 무수히 쏟아지는 매파의 혼담도 모두 거절하고 계속 스스로 사위를 물색했다. 하지만 '이 사람이라면' 하고 눈에 차는 사내도 없고, 딸도 차츰 혼기가 차 갔기 때문에 공연히 마음만 조급해졌다.

　매일 밖으로 나가 이곳저곳 사위를 찾아 나섰다. 어떠한 시골사람이라고 하더라도 '이 사람이다.'라는 생각이 드는 사내를 찾아내기 위해 매일 돌아다녔다. 하루는 어떤 가난한 마을에 많은 백성들이 모여 밭을 갈고 있었는데 그들 중 코흘리개의 상투머리를 한 아이가 청천靑天에 백일白日이 충만하여 구름 한 조각 없는 청명한 가을 하늘 날에 무슨 생각을 했는지 혀를 끌끌 차며

　"쳇, 내일 또 비가 내리겠군."

하고 중얼거렸다.

'참으로 불가사의한 말을 하는 아이로구나.'

라고 생각하고 돌아왔는데 다음 날 정말로 하늘에 구름이 가득하여 호우가 쏟아져 내렸다. 그는

'분명 그는 신인神人[1]일 것이다! 나를 포함한 많은 어른들 중 누구 하나 생각지 못한 것을 홀로 내다본 총명함이여! 내 딸의 사위가 될 사내는 삼국 三國에서 이 아이밖에 없다.'

라고 감탄하며 서둘러 아이의 집을 찾아갔다. 갖가지 예물을 가지고 신원을 밝히며 사위 되기를 청하니 부모는 '무슨 일인가?' 하고 매우 놀랐지만 진정 진심이었고, 일 년 내내 가난한 소작농의 아이를 처치할 길이 없어 곤란했던 중이었기 때문에 즉시 승낙하였다. 그 또한 부모가 마음이 변하기 전에 일을 성사시켜야겠다고 생각하여 아이를 가마에 태워 도읍으로 데려왔다.

이상하게 생각하는 처를 신경도 쓰지 않고 혼자 납득하고 혼자 감탄하며 그날로 사위를 얻었음을 알리는 피로연을 행하고 사랑하는 딸과 부부의 대례大禮를 올리게 하였다. 4, 5일이 지나고 나서 그가 사위를 불러 은밀히

"자네, 내 상相 좀 봐주게. 내 상은 어떤가?"

하고 얼굴을 들이밀었다. 사위는 기절초풍하며

"장인어른, 상이라는 것은 뭔가요? 저는 상이라는 것을 처음 들었습니다."

라고 하였다. 장인은

"겸손은 거두시게. 무엇을 숨기는가? 부자 사이에 스스럼이 없어야 하네. 관상을 보아 달라는 말이 아닌가."

---

1 신과 같이 신령하고 숭고한 사람.

134

라고 대답하였다. 사위는 점점 더 곤란에 빠져

　"저는 시골에서 자란 터라 감자나 무에 대한 것은 장인어른보다 밝지만 그 외에는 아무것도 모릅니다. 부끄럽지만 일자무식입니다."
라며 울듯이 말했다. 장인은 이 사실에 기가 막혀

　"정말로 그러한가. 자네도 한낱 범인凡人이었나. 그러면 어찌하여 요전 날 청명한 가을 하늘에 다음 날 비가 올 것을 예언한 것인가?"
라고 물었다. 사위는 창피한 듯 쑥스러워하며

　"장인어른, 저는 오래 전부터 버짐의 고질병이 있습니다만 비가 내리기 전에는 꼭 가려워집니다. 그 날도 참기 어려울 정도로 가려워 얼굴을 긁으면서 다음 날의 비를 욕한 것입니다."
라고 대답하였다고 한다.

완역 조선이야기집과 속담

19. 쌍둥이가 열 번 나오다 雙童十度

옛날 옛날에 어느 마을에 부유하지는 않지만 집안이 천하지 않은 양반에게 젊은 아들이 있었다. 어느 날 한가로이 거닐다 행각승을 만났는데 그 승려가 그의 얼굴을 유심히 보더니

"참으로 기이한 자식 복을 가진 자로구나. 그렇다 해도 쌍둥이를 열 번 낳게 되면 필시 생계가 곤란해질 터인데."

라고 혼잣말을 하며 지나갔다. 그가 이것을 듣고

'재미있는 말을 하는 승려로군. 세상에 쌍둥이를 열 번이나 낳는 사람이 있을까?'

하며 깊게 생각하지 않고 세월을 보냈다.

이윽고 열여섯 살의 봄이 되었다. 인연이 닿아 근처 양반의 딸을 맞이하여 부부가 되었고 화목하게 살고 있는데 곧 처가 임신을 해서 낳은 것이 쌍둥이 남자아이였다. 첫 아들, 게다가 쌍둥이라 그들 부부는 매우 기뻐하며 손 안의 보석같이 키웠다. 머지않아 처가 또 임신을 하였고 낳은 것을 보니 이번에도 쌍둥이 남자아이였다. 그러고 보니 혹시 몇 해 전 행각승이 본 관상이 맞은 것이 아닌가 하는 생각에, 다소 마음이 편치 않았지만 두

번째 쌍둥이까지는 심각하게는 생각하지 않고 아이들을 소중하게 키우는데 또 바로 세 번째 임신이 되었고 낳은 것이 역시 쌍둥이였다. 네 번째, 다섯 번째도 같은 쌍둥이로 벌써 아들 열 명을 얻었다. 건강하고 튼튼한 남자아이들은 모두 무난히 무탈하게 자라났지만 아이들이 커 감에 따라 그의 재산은 줄어들었다. 처음부터 부유하지는 않았던 집이 지금은 근근이 살아가는 형편이 되었다. 그는 어느 날 곰곰이 생각해서

"우리 부부가 이대로 있으면 앞으로 다섯 번의 쌍둥이를 더 낳을 것이고 그러면 더욱더 살기 힘들어질 것이오. 이미 열 명의 아들이 있으니 조상님께 의무는 다했소. 지금부터는 아이보다 생활이 곤란해지지 않도록 하는 것이 가장 중요한 일인데, 그저 내가 이대로 집에 있으면 쓸데없이 아이 수만 늘릴 뿐이오."

라고 처에게 숨김없이 털어놓고 결국 정처 없이 여행길에 올랐다.

목적이 있는 여행이 아니었기에 가지고 있는 재주로 입에 풀칠하며 어느 때는 더부살이가 되었다가 어느 때는 시골의 학자 노릇도 하였다. 동에서 서로, 남에서 북으로 여행을 한 지 벌써 삼 년이 흘렀다. 어느 날 인연이 닿아 어느 마을의 부잣집에 몸을 의탁하게 되었는데 기이하게도 그 주인과 마음이 잘 맞아 서로의 늦은 만남을 원망하며 부자의 이야기 상대로 여유롭게 몇 달을 보냈다. 어느 날 봄비가 추적추적 내려 집안에 있었던 두 사람은 특히 마음을 터놓고 여러 가지 신상 이야기를 하던 차에 그가 절절이 탄식하며

"이 세상에 나처럼 박복한 운명에 처해 있는 사람도 드물 것이오. 집에는 정숙한 처가 있고 건강한 아들도 열 명이나 있는데 가정의 행복을 누리지도 못하고 이렇게 세상을 떠돌며 다른 사람 집에서 비와 이슬을 피하다니."

138

하고 눈물을 지었다. 부자는 처음으로 들은 그의 신상 이야기에 호기심이 발동하여 집요하게 그 사정을 물으니 그는 모든 사실을 숨김없이 이야기했다. 부자는 경탄스럽다는 듯이 눈을 크게 뜨고

"그대의 사연을 들으니 사뭇 불공평한 이 세상에 탄식하지 않을 수 없소. 보시다시피 저는 벌써 나이 오십에, 먹고 사는 데에는 그다지 부족하지 않지만 아이라고는 여식뿐, 아들 하나도 없소. 이대로는 조상님들에게 불효가 되겠다 싶어 처와 의논하여 첩을 두고 또다시 첩을 두어 지금은 네 명의 첩이 있지만 첩의 아이도 역시 모두 여식뿐. 지금은 이제 아들을 얻고자 하는 바람도 포기하고 다른 이의 아들을 부러워할 뿐이오."

라며 서로 탄식하였다. 점차 세월이 흘러 벌써 일 년 넘게 머물렀기에 그도 차츰 고향의 일이 걱정이 되어 부자에게 작별인사를 하고 떠나려고 하자 부자가 거듭 만류하며 떠나지 못하게 했다. 그는 이상하게 생각하며

'부자는 무슨 생각으로 나를 이렇게 완강하게 붙잡는가?'

하고 괴이하게 여겼지만 집에 돌아가도 가난한 생활에 당장 내일 먹을 쌀부터 걱정해야 하는 괴로움을 잘 알았다. 편안함을 찾는 것이 인지상정인지라 그는 부자의 권유대로 그대로 머물렀다. 어느 날 부자는 방으로 그를 불러내어 장지문을 단단히 닫아두고 비장한 얼굴로 가까이 다가가서 목소리를 낮추고 그에게

"저는 이제 아들을 얻을 희망이 없소. 그대는 아직 쌍둥이를 다섯 번이나 낳을 상서로운 복을 가졌으니 어떻게 저를 위해 그 복을 쓰실 수는 없겠소?"

라고 애원했다. 놀란 그에게 목소리를 더욱 낮추어

"내일 밤부터 연속 5일, 저와 함께 여인네의 내방內房에 들어가 저인 것처럼 가장하여 부인들에게 씨를 뿌려 주시오."

139

라고 하였다. 잠자코 듣고 나니 참으로 기이한 부탁이 아닐 수 없었으나, 양쪽의 사정을 고려하여 생각하면 이상하지 않은 논리였다. 자신이 가질 앞으로의 다섯 번의 쌍둥이가 자신에게는 일가를 굶주리게 할 큰 불운, 부자에게는 가계를 이을 큰 행운, 넘치는 것으로 부족한 것을 채우는 것이 양쪽 모두 이익이 될 것이라고 결론을 내리고 승낙했다. 부자는 이루 말할 수 없이 기뻐했다. 다음 날 밤부터 연속 5일 밤, 부인들에게 전혀 의심받지 않고 계획대로 행했다.

다른 사람 대신한 일이라 할지라도 뒤의 결과가 궁금하여 양유養由[1]가 쏜 화살은 아니지만 한 발도 버리는 화살 없이 부인 다섯 명 모두 그달부터 달거리를 하지 않아 확실하게 임신이라고 결론이 났다. 부자는 뜻한 바가 성취되었다고 크게 기뻐하였고 그는 다시 무엇이 태어날지, 딸이 태어날지, 아들이 태어날지, 쌍둥이일지, 아닐지 알고 싶어 더 머무르게 되었다. 이윽고 달이 차서 다섯 부인이 차례로 낳은 것을 보니 모두 쌍둥이였다. 일이 너무 잘 풀리자 부자도 그도 감탄하며 한동안 말도 하지 못했다.

열 명의 남자아이 모두 바위만 한 몸집으로 잘 성장하고 있기 때문에 앞으로도 별 탈 없이 성장할 것임에 틀림없고, 또한 자신도 이제 쌍둥이를 열 번 낳는 운명을 완수했기에 부자에게 작별인사를 하고 자신의 집으로 떠났다. 헤어질 때 부자는 석별의 정으로 많은 물품들을 주고 하인들로 하여금 동행하게 하여 무사히 그 마을에 당도할 수 있었다.

아무리 오랫동안 집을 떠나 있었다 해도 자신의 집을 잊을 리는 없는 법, 예전의 집에 가 보니 집이라고는 그림자도 보이지 않고 우거진 들풀과

---

1 중국 춘추시대의 초나라 사람. 활의 명수. 화살을 쏘기도 전에 원숭이가 기둥에 매달려 울부짖었다고 함.

잘 자란 보리뿐이었다. 그는 너무 놀라

'여우와 너구리에 홀린 것은 아닌가.'

하고 의심하면서 지나가는 마을 사람을 붙잡고 아무개의 집이 어디로 옮겨 갔는지 물으니

"그 사람이 사실 3년 전까지는 여기서 초라한 생활을 했었는데, 3년 전부터 여행을 떠난 남편이 많은 복을 얻었는지 많은 황금을 보내왔다오. 그때부터 해마다 네, 다섯 번씩 보내오는 황금이 넘치더니 지난 해 이 집을 팔아 버리고 저기 버드나무가 문에 드리워진 곳에 새로이 넓은 저택을 사들였고 지금은 이 근방에서 제일 부자 양반이 되었소."

라고 하였다. 그것은 분명 그 부자의 배려일 것이라고 생각하여 다시금 은혜에 감사하고 자신의 새집을 물어 찾아가니 실로 그 부유함은 밖에서도 알 수 있었다. 광대한 저택은 처음부터 끝까지 정연하게 정리되어 있어 안락하게 살 수 있을 것 같았다.

대문을 들어서니 넓은 방에 부속된 툇마루에 모두 비슷한 장부丈夫의 상을 한 사내 아이 열 명이 책상을 늘어세우고 선생님과 함께 책을 읽고 있었다. 이들이 모두 나의 아이라고 생각하니 꿈만 같은 기쁨에 정신이 아득할 뿐이었다. 그러나 아이들은 아버지라는 것을 알 리 없었으니 어느 곳의 모르는 사람이 왔구나 하고 신경도 쓰지 않고 공부만 계속하였다. 그는 크게 웃으며 반은 진담으로

"내가 바로 너희들의 아비다."

라고 하니 그들은 의아하게 쳐다보았다. 이윽고 가장 나이가 많은 아이가 벌떡 일어나 안방으로 가서 어머니에게 이 사실을 알렸고 어머니가 창을 열고 보니 몇 년이나 헤어져 지낸 자신의 남편이었다. 놀라고 기뻐 뛸 듯이

기뻐하며[2] 눈물을 흘리며 나와서

"이분이 바로 너희에게 항상 이야기했던 아버지이시다."

라고 하니 부부와 부자의 재회에 긴 하루도 눈 깜짝할 사이에 지나갔다.

드디어 자신의 집에 안주하고 귀여운 아이들의 천진난만한 행동과 사방에서 '아버지, 아버지' 하고 매달리는 것을 보고

'세상에 아이만큼이나 보배인 것은 없다. 이미 먹고 사는 데에는 부족하지 않으니 이러한 보배는 많을수록 좋도다. 아쉬운 것은 그 부자의 집에 두고 온 나머지 열 명의 아이들이다. 열 명 모두를 데려오는 것은 불가능한 이야기이겠지만 그 반인 다섯 명을 데려오는 것은 부자도 싫다고 하지 못할 것이다.'

라 생각하고 어느 날 상세히 편지를 써서 은밀히 심부름을 보냈다. 얼마 지나 심부름꾼이 소득 없이 돌아와서는

"그 집은 이미 다른 곳으로 이사했고 근방의 누구도 행방을 아는 자가 없었습니다."

라며 보고했다고 한다.

---

2 원문에는 '手の舞い足の踏む所を知らず(손짓을 어떻게 하고 다리를 어디로 옮길지 모른다)' 라고 되어 있으며, 출전은 「禮記(樂記)」 및 「詩經(周南, 關雎序)」.

20. 한국풍 마쓰산 거울韓樣松山鏡

　옛날 옛날에 이 나라에서는 아직 거울(一)이 만들어지지 않아 대부분 한토漢土에서도 수입이 많지 않았던 때의 이야기이다. 시골 벽촌의 한 평민이 도읍에 온 김에 손거울 하나를 사서 돌아왔다. 거울을 향해 자신의 얼굴을 비추니 찡그리고 웃는 것이 그대로 비치는 재미가 비할 데 없었다. 그래서 때때로 꺼내 들고 혼자 들여다보고 크게 웃고는 다시 몰래 숨겨두고는 아직 아무에게도 보이지 않았다.

　그의 처는 자기 남편이 뭐가 그리 재미있는지 이따금 이상한 모양의 동그랗고 납작한 것을 들여다보고는 즐겁게 웃는 것을 의아하게 생각하였다. 어느 날 남편이 숨겨 둔 곳을 눈여겨봐 두었다가 그가 없는 틈을 노려 슬쩍 꺼내 쳐다봤더니, 이게 어쩐 일인가! 그 안에 자신과 연배가 비슷한 부인의 얼굴이 생생히 보이는 것이 아닌가. 마음에 증오의 불꽃이 타올라 참을 수 없었다.

　'바람기 있는 내 남편이로세. 도읍에 가서 첩을 하나 얻어 왔구나, 나는 이제 찬밥 신세가 될 것이야. 무정한 남자의 마음이로구나.'

하며 남몰래 눈물을 삼키며 그대로 한 손에 거울을 들고 시어머니에게 가서 원망하며 이야기했더니 시어머니는 매우 의아하게 여기며 그 첩을 자신에게도 보여 달라고 하며 손거울을 들여다보았다. 여자는 여자인데 자신과 닮은 주름진 노파로, 아들놈이 상대할 수도 없는 대물이로구나. 하하하 하고 크게 웃고는

"며늘아이는 무엇을 보신 겐가? 이런 늙은이는 아무리 아들놈이 색다른 것을 좋아한다고 해도 일부러 도읍에서 첩이라고 구해 올 만한 자가 아니네. 무슨 부득이한 사정이 있어 어딘가의 노파를 맡아서 데려온 것이네. 우리 아이는 절대로 바람을 필 리가 없네. 여인네의 억측일 뿐이네."

라고 타일렀다. 거기에 시아버지가 들어왔는데 며느리는 울고, 부인은 웃고 있는 것을 이상하게 여겨 연유를 묻고는 자신도 보자며 들여다보았는데 거기에 자신을 닮은 영감이 나타났다. 그러자

"자네들 무슨 착각을 하고 있나? 옆집 할아범이 있구먼."

하고 고부가 잘못 알고 있다고 비웃었다.

그렇다 해도 진실은 말보다 강력했다. 며느리가 보면 젊은 여자가 보이고, 시어머니가 보면 노파가 보이니 그들의 의심은 풀리지 않았다.

어느 날 남편의 맏아들인 열 살도 안 된 장난꾸러기가 거울을 찾아내고는 재미있는 물건이라고 생각하여 들여다보았다. 그 때 마침 한 손에 구슬을 쥐고 있었는데 거울 속에도 똑같은 장난꾸러기가 구슬을 치켜들고 있는 것을 보고 놀라서 저 아이가 내 구슬을 빼앗았다고 하며 큰 소리로 울었다. 옆에 있던 옆집 젊은이가 어찌하여 우는지 묻고 어디의 어느 녀석이 구슬을 뺏으러 왔는지 봤더니 혈기 왕성한 젊은이가 비쳤다.

"너 이 녀석! 그 나이를 하고 어린 아이를 괴롭히다니 참으로 못난 녀석이구나!"

하고 주먹을 들어 거울을 치니 거울이 떨어져 온돌 바닥에 심하게 부딪쳤고 결국 부서졌다고 한다.

(一) 거울은 원래 일본에도 없던 것으로 중국에서 전해진 것이다. 따라서 먼 옛날에는 모두 수경水鏡을 써서 쟁반과 같이 평평한 그릇에 물을 담아 몸을 구부리고 이것을 쳐다보아 자신의 용모를 비추었다. 현재 가가미かがみ[1]와 가가무屈む[2]가 같은 어원인 것은 이것으로 증명할 수 있다. 조선도 마찬가지로 먼 옛날에는 거울이 아직 없었고 거울은 중국에서 전해졌다. 따라서 옛날에는 사람들이 모두 구부려서 수경에 비추었고 우리 일본과 같았다. 실제 지금 한국어에서 거울은 '거울(コウル)'이라 하며 몸을 구부리는 동작을 의미하는 '구부리다(コウル)'와 완전히 같은 말로 일본어와 똑같이 서로 부합하는 것을 보아 이것을 단언할 수 있다. 일한 양쪽 언어의 흥미로운 결합은 양국의 문명 및 풍속을 밝히는 데 매우 귀중한 자료가 될 것이라 믿는다.

---

1 '가가미かがみ'는 '거울'이라는 뜻의 일본어.
2 '가가무屈む'는 '구부리다'라는 뜻의 일본어.

완역 조선이야기집과 속담

21. 선녀의 날개옷 仙女의 羽衣

옛날 옛날에 강원도 금강산 기슭에 나무꾼 한 명이 살고 있었다. 하루하루 장작이나 잡목을 판 약간의 돈으로 생활하고 초라한 오두막집에 기거하여 아직 부인을 얻지 못하고 있었다. 동년배 사람들의 결혼식을 볼 때마다 '나는 언제 하나.' 하며 탄식했다. 그러나 본디 심성이 강직하고 순박하여 자신의 일에는 매우 부지런해서, 바람이 불지 않는 날은 있어도 그의 도끼소리가 들리지 않는 날은 없다고 마을 사람들은 칭찬했다.

어느 날 평소와 같이 정취가 있는 깊은 산 속에서 탕탕하는 소리를 울리며 벌목을 하고 있는데 사냥꾼에게 쫓기는 듯한 노루 한 마리가 다급히 무서워하며 뛰어와 숨을 헐떡이며 잠시 숨겨 달라고 애원했다. 그도 매우 가련하게 여겨 잘라서 쌓아둔 장작더미 아래로 기어들어가 숨게 하고 시치미를 떼고 콧노래를 부르며 나무를 베고 있었다. 그러자 수렵용 화살을 쥔 아주 다부진 모습의 사냥꾼 한 명이 나무뿌리, 바위뿌리를 헤치고 씩씩거리고 와서 빠른 어조로

"지금 막 이리로 노루 한 마리를 쫓아 왔는데 그대는 보지 못했는가?"
라고 물었다. 그는

"그렇습니다. 방금 전 이곳을 지나 저쪽 골짜기로 넘어서 가 버렸습니다. 바로 남쪽 방향으로 가는 것을 똑똑히 봤습니다."

라고 대답하였다. 그러자

"그러한가. 고맙네."

하고 발이 땅에 닿는 것이 보이지 않을 정도로 뛰어갔다. 잠시 후 노루가 장작더미 아래에서 나와 구해 준 은혜에 감사하며 말하기를

"당신의 은혜에 보답코자 절세미녀인 부인을 얻게 해 주겠소. 내일 오후 모 시에 금강산 위의 모 계곡에 가면 선녀 세 명이 내려와 목욕을 할 것이오. 그 날개옷을 한 벌 훔쳐 이를 숨기시오. 그러면 선녀가 승천하지 못하고 결국 당신과 함께 살 것을 승낙할 것이오. 함께 산 지 몇 년 뒤에는 아들을 낳을 것이오. 둘째 아들을 낳아도 날개옷을 돌려주지 마시오. 셋째 아들을 낳으면 비로소 옷을 돌려주도록 하시오."

라고 했다. 그리고 다시 도망을 가는 것이 싫다고 말하고는 숲 속으로 뛰어 들어갔다. 나무꾼은 기뻐하며 다음 날을 기다리는 그날 밤은 일각이 여삼 추였다. 평소보다 더 빨리 일어나 나와서 그래도 역시 일은 쉬지 않았다. 도끼를 메고 금강산을 헤쳐 올라갔다.

금강산은 이 나라의 영산靈山으로 푸른 하늘 사이로 봉우리들이 힘차게 솟아 있으며 수목이 울창하고 푸른 이끼가 매끄럽게 펼쳐져 있다. 물은 산꼭대기의 영천靈泉에서 흘러넘쳤고 졸졸졸 아름다운 소리가 길게 끊이지 않는다. 두루미가 날아올라 우는 소리가 마치 법문을 설교하는 것과 같다. 그리하여 어느새 부터인지 불자佛者는 이곳에 가람을 짓고 신령스런 땅에서 신령스런 승려를 배출했고 사운寺運이 더욱더 번창하여 백오십 개의 사원들이 봉우리마다 계곡을 따라 구불구불 이어져 있다. 하루 종일 경쇠

소리, 불경 외는 소리가 푸른 하늘에 맑게 울렸고 이곳의 바위굴, 저곳의 동굴에는 조용히 앉아 수련하는 승려의 발걸음이 끊이지 않는다. 실로 조선 제일의 영장靈場이며 동국東國[1] 제일의 절경으로 '금강산을 보지 않고 산수를 논하지 말라.'라는 이 나라의 속담도 있다. 선녀도 여기가 좋다고 보았는지 산꼭대기의 신령스런 연못을 욕장浴場으로 정하고 날을 정해 내려와 옥 같은 몸을 담그고 향기 나는 피부를 씻었다.

나무꾼은 시각보다 빨리 덤불 뒤에 몸을 숨기고 훔쳐보았는데 과연 펄럭이는 날개옷을 휘날리며 선녀 세 명이 연못가에 춤을 추며 내려왔다. 서로 돌아보고 크게 웃으며 날개옷을 벗어 나뭇가지에 걸어놓고 주저하지 않고 향기 나는 흰 피부를 내보이며 첨벙하고 신령스런 연못에 들어갔다. 즐겁게 웃고 이야기하며 비단 수건으로 옥 같은 몸을 닦았다. 빼어난 산꼭대기의 투명하고 푸른 물에 절세 미녀 세 명이 흰히 향기 나는 몸을 드러내고 씻는 경치의 아름다움에 나무꾼은 한동안 정신을 잃고 황홀하게 쳐다보았다. 자신도 마치 천국의 한 사람이 된 듯하였다. 이윽고 정신을 차리고 조용히 기어 나와 날개옷을 한 벌 내려서 이것을 품안에 넣고 풀숲에 숨었다. 이윽고 목욕을 끝냈는지 세 선녀 모두 연못을 나와 전신을 바람에 말리며 참으로 기분 좋은 듯 재잘재잘 웃으며 이야기했다. 시간이 흘러 나뭇가지로 와서 날개옷을 내려 입으려 하니 한 벌 부족하였다.

'어떻게 된 일이지? 분명 여기에 똑같이 벗어 두었는데.'
하며 세 선녀는 놀라 풀 속, 나뭇가지 위를 찾았지만 끝내 찾지 못했다.

"어처구니가 없구나. 우리가 씻는 중에 바람에 날아간 것일까? 아니면 흰 두루미가 물어간 것일까? 이제 시간이 다 되어 돌아가야 해. 만약 늦으

---

1 우리나라를 중국中國에 대하여 일컫는 말.

면 옥황상제님께 책망을 받을 것이야."

날개옷을 입은 두 선녀는

"너의 슬픔도 모르는 바는 아니지만 우리가 책망받을 일도 괴롭구나. 지금까지 찾았는데도 없는 것을 보면 밤새 찾는다고 해도 찾을 수 있다고 장담하기 어려워. 우리들은 먼저 승천하여 이 일을 상제께 아뢰고 좋은 지혜를 빌려주십사 말씀드릴게."

라고 하고 창피해하는 한 선녀를 남겨두고 날개옷을 펄럭이며 올라갔다.

남은 한 선녀는 창피함과 슬픔에 어쩔 줄 몰라 아름다운 눈물이 뚝뚝 흘러 수건을 적셨다. 이윽고 지금이 기회라고 생각한 나무꾼이 서서히 풀숲을 나와 선녀에게 가까이 다가가자, 선녀는 체면을 돌볼 겨를 없이 크게 놀라 바닥에 넙죽 엎드려서 이대로 못 본 체 지나쳐 달라고 빌며 애원했다. 그러나 그는 따뜻하게 웃으며

"천녀라도 해도 정해진 운명에 따라야 하는 법, 그대와 나는 사람(人)과 하늘(天)의 차가 있지만, 하늘이 허락한 부부요. 공교롭게도 오늘 그대의 날개옷이 내 손에 들어와 그대가 신통력을 잃은 것은 하계에 사는 나와 부부의 연을 맺으라는 천명天命일 것이오. 자 오시오. 마침 다행히도 저녁 때라 사람들이 잘 볼 수 없어, 당신의 모습을 수상히 여기지 않을 것이오. 당신이 아직 인간의 정을 모르신다고 하지만, 세상에 사람만큼 상냥한 것도 없소. 나는 가난하기는 하지만 어머니가 없고 형제도 없어 당신이 오면 누울 자리를 나누어 자고 음식 한 접시도 나누어 먹을 수 있는 마음 편한 처지라오. 살다 보면 애정도 생길 것이고 그대로 두 사람은 백발이 될 때까지 장수하게 될 것이오. 그래도 여전히 거절하신다면 나는 이 날개옷을 집에 가지고 돌아가 영원히 당신에게 건네지 않을 것이오. 천인天人의 법도

150

는 알지 못하지만 몸에 걸치는 옷을 잃고서는 상제上帝가 그대로 용서할 것인가. 어서 마음을 정하시오."

라고 손이라도 잡을 기세로 설득하였다. 천녀도 어쩔 수 없이 나무꾼에게 몸을 맡기고 그의 집으로 힘없이 터벅터벅 좇아갔다.

천인이지만 여자의 도리는 알고 있었다. 차츰 익숙해짐에 따라 부엌일부터 바느질까지 힘써 일하니 삼국三國에서 제일가는 아내일세 하고 부러워하지 않는 자가 없었다. 부부 금슬도 좋아 그 달에 벌써 임신을 하여 아이를 낳았으니, 눈부실 정도의 옥동자로다. 천녀를 아내로 맞은 뒤로 생업도 안정되고 지금은 그런대로 여유로운 처지가 되어 부부도 손안의 구슬과 같이 사랑스럽게 길렀는데 몇 년 지나지 않아 또 사내아이를 낳았다. 천인도 자식사랑은 인간과 같은지 형아, 아우야 하며 언제나 잘 보살펴 기르고, 아이 또한 엄마, 엄마 하며 잘 따르고 정다워 하니 세월이 지남에 따라 나무꾼도 안도하여

'지금은 또 다시 천국에 돌아가야지 하는 마음도 사라진 게야.'

하고 생각했다. 그는 억지로 날개옷을 숨기는 것도 마음에 걸렸다. 그 날개옷을 꺼내 주어 아내의 마음대로 찢어 버리든 태워 버리든 하여 부부, 모자간의 사이를 더욱 돈독하게 하려고 생각했다. 그는 예의 노루의 훈계를 어기고, 어느 날 날개옷을 꺼내 아내에게 보여 주자, 아내는 재빨리 몸에 걸치고 형을 왼쪽 옆구리에, 아우를 오른쪽 옆구리에 끼고 훨훨 날아 승천하였다.

남겨진 나무꾼은 발버둥질하고, 후회하며 슬퍼하였다. 부인은 남편보다 천국을 그리워했던가, 그래서 노루가 아이 3명을 낳을 때까지 주지 말라고 훈계를 한 것이다. 3명의 아이는 겨드랑이에 다 안지 못하고, 누구를 놓고

가야 할지도 모르니, 모자의 사랑에 이끌려 결국 승천하고자 하는 마음도 사라졌을 것이다. 인간의 얄팍함이 일을 그르친 것이다. 내일부터 누구와 함께 살며, 누구와 함께 이야기를 할 것인가. 금강산을 바라보는 것도 내키지 않고, 익숙한 손도끼도 건들기도 싫고, 몇 달이나 눈물을 흘리며 슬픔에 잠겨 지냈다.

하지만 이렇게 있을 수만은 없어 또 도끼를 들고, 산에 오르니 적막한 산이 오늘은 더욱 적막하게 느껴지며 맑은 물도 죽음을 슬퍼하는 노래(弔歌)를 부르는 듯하였다. 멍하니 풀 위에 앉아서 생이별의 슬픈 고통을 느끼고 있자, 한 마리의 노루가 달려왔다. 위로하는 얼굴로 다가와

"잊어버렸소? 나는 몇 해 전 당신에게 도와달라고 했던 노루요. 이번에 당신은 나의 훈계를 어기고 천녀天女를 놓치셨다고 들었소. 하지만 인간은 모두 사려가 깊지 않으니, 이번만큼은 도와주겠소."

라 하였다. 그리고 거듭 이 방법밖에 없다고 하며

"천녀들은 당신에게 욕장浴場을 들키고 나서는 다시 그 영천靈泉에 내려오지 않소. 그 뒤로는 천국에서 엄청 큰 두레박을 내려서 그 영천을 퍼 올려 천국에 욕장을 만들어 그곳에서 목욕을 하고 있소. 그러니 당신은 내일 모 시쯤에 그곳에 가서 두레박이 아래로 내려오는 것을 기다려 재빨리 그 물을 버리고 그 안에 앉아 끌어올려져 천국으로 가시오. 아내인 천녀도 역시 백년가약의 약조를 잊지 않았을 것이오. 하물며 두 명의 아이는 밤낮으로 아비를 그리워 찾고 있는데 당신이 간다면 어찌 박정하게 대하겠소."

하고 가르쳐 주었다. 나무꾼이 이것을 듣고 일식日蝕이 끝나고 해가 밝게 비추는 것을 본 듯이 아주 기뻐하며(歡天喜地), 노루에게 깊이 감사를 하고 다음 날 아침 일찍 준비를 갖추고 산꼭대기에 올라가 때를 기다렸다. 과연

수말의 물을 담을 만큼 큰 두레박이 슬슬 푸른 하늘에서 내려와 연못 중심에 첨벙 가라앉았다. 넘치도록 물이 담겨져 하늘로 올라가려고 했다. 만반의 준비를 한 그는 연못 가운데로 뛰어 들어가 재빨리 물을 버리고 두레박 안에 앉았다. 이는 천인이라고 해도 도저히 알 수 없는 일로 서서히 끌어올려져 어느덧 푸른 하늘을 지나 천문天門에 들어가, 순조롭게 부부, 부자의 재회가 이루어졌고, 결국 나무꾼도 천인의 무리에 들어가게 되었다고 전해진다.

(一) 천녀의 날개옷을 빼앗았다는 전설은 일본 미호노마쓰바라三保の松原2와 아마노하시다테天橋立3에도 전해져 오고 있다. 조선도 금강산 이외의 또 다른 곳에도 전해져 오는 것과 같다. 하지만 양자를 비교하면 일본의 것은 모두 해변으로, 바다가 배경의 주가 된다. 조선은 산속으로 산이 배경의 중심이 된다. 이 특징은 매우 주목해야 할 점으로, 일본이 얼마나 먼 옛날부터 바다와 친숙한 나라인지, 조선이 대륙에 이어져서 바다보다는 산을 영지靈地라고 하고 좋은 풍경이라고 했었는지에 대한 한 가지 증거라고 할 수 있다. 한편 일본의 전설은 모두 담백하고 한가롭고 아치가 있고(閑雅), 짙지 않아, 천녀를 처로 삼고 천녀를 쫓아 승천하는 것 같은 내용은 전해지지 않는다. 이것을 통해서도 조선인과 일본인의 국민성의 차이를 엿볼 수 있는 것이 아닐까 한다.

---

2 시즈오카 현静岡県 시즈오카 시静岡市 시미즈 구清水区의 미호반도三保半島에 있는 경승지
3 교토 부京都府 미야즈 시宮津市의 미야즈만宮津湾과 내해内海의 아소해阿蘇海를 남북으로 가르는 모래퇴적층이다. 일본 3대 경승의 하나.

완역 조선이야기집과 속담

22. 부귀유명富貴有命, 영달유운榮達有運

　옛날 옛날에 이 나라의 근대의 성군聖君이라고 하는 성종왕成宗王이 어느 날 밤 미복微服[1]으로 경성 안을 순시巡視하시고 있었다. 순시를 하는 동안 밤도 이미 깊어져 남산 아래에 이르셨는데 주위가 고요하고 밤기운도 음산한데 좀 떨어진 초가집에서 낭랑하게 책 읽는 소리가 들렸다. 왕은 이상하게 여기시고 이리 야심한 밤에 어느 집의 공부하는 자가 책 읽는 소리를 그치지 않는가 하고 종자와 함께 그 곳으로 가서 문을 두드리자 독서하던 자가 몹시 놀라며 서적을 두고 황급히 문을 열며

　"누구시기에 무슨 용무로 이렇게 야심한 밤에 찾으십니까?"

하고 묻자, 왕은 온화한 얼굴로

　"수상하게 생각지 마시오. 제가 오늘 밤 우연히 이곳을 지나는데 이렇게 깊은 밤에 낭랑하게 책 읽는 소리가 들렸고, 그 소리가 몹시 고상하여 마음이 끌려 얼굴을 뵙고 삼가 존함을 묻고자 이렇게 놀라게 해 드렸습니다."

---

1 지위가 높은 사람이 무엇을 몰래 살피러 다닐 때에 남의 눈을 피하려고 입는 남루한 옷차림.

라고 말했다. 주인의 안내를 받아 방에 들어가 마주앉아 그 사람을 보니 50세 가까운 반백半白의 노유학자(老儒)였다. 무엇을 읽으셨는지 묻자 주역 周易이라고 한다.

"저도 긴 세월 이 책을 읽었으나 천학淺學인지라 아직 이해하기 힘든 구절들이 있고, 오늘 밤 이렇게 모처럼 뵙게 되었으니 이 기회에 몇 가지 여쭐까 합니다."

하고 왕이 그중 어려운 의미를 물어 시험하니 그 대답은 유수와 같았고, 더 없이 유현幽玄[2]하고 정묘精妙를 발휘하였으니 참으로 대유학자(大儒)라 아니할 수 없었다. 왕이 계속해서 감탄하여,

"노유학자의 학문은 참으로 고원高遠하여 제가 이제까지 의문시했던 어려운 뜻을 시원하게 풀어 주셨습니다."

하고 계속해서 작성한 문장이 있으면 배견拜見하고 싶다고 하였다. 유학자가 꺼내어 보인 수십 편의 글을 읽으니 글자마다 모두 금옥金玉의 소리가 있고, 활기 있고 훌륭하여(光炎白虹), 왕은 연신 무릎을 치며 감탄의 소리를 그치지 않았다. 이러한 명가名家는 당대 우리나라에 몇 명 없어 손에 꼽을 정도였다. 그럼에도 불구하고 노유학자는 어떤 연유로 과거科擧[(一)]를 응시하지 않으셨는가 하고 묻자, 노유학자는 부끄러워하면서

"저의 인생은 왜인지 박복薄福해서 20살부터 응시했는데도 항상 실패하여 아직껏 방문榜文[3]에 이름을 올리는 영광을 얻지 못했습니다. 나이를 먹어 올해로 50세, 여생이 얼마 남지 않아 결국 급제하지 못하고 죽을 지도 모릅니다. 그러나 연학硏學은 학자의 임무이므로 계속 이렇게 매진하고 있

---

2 이치나 아취雅趣가 알기 어려울 정도로 깊고 그윽하며 미묘함.
3 사람이 많이 모이는 곳에 써 붙이는 방. 여기에서는 과거 급제자의 이름을 알리는 방.

습니다."

라고 말했다. 왕은

'내가 이 나라에 군림君臨하면서 과거科擧를 행하여 인재를 찾고자 했는데 20년 동안이나 이 사람을 발탁하지 못했다. 덕이 부족하고 사리에 어두웠던 탓이로다.'

하고 마음속으로 슬퍼하면서 아무렇지도 않게

"그래도 내일 모레 또 과거가 있다고 하는 것은 이미 듣고 알고 있습니까?"

하고 물었다. 노유학자는 이상하다는 듯 눈썹을 찌푸리며

"모레 과거가 있다는 것은 아직 듣지 못했습니다. 만일 과거가 열린다면 저도 응시하겠습니다."

라고 대답했다. 왕은 수십 편의 문장 중 마음이 가는 한 편을 자세히 보고 그 제목을 기억하여 정중하게 인사하고 방을 나갔다. 나가서 종자에게 명령하여 한 되의 쌀과 한 근의 고기를 울타리 안쪽에 던져 넣게 했다.

궁으로 돌아온 후 갑자기 내일 임시과거를 시행하겠다는 명령을 내렸다. 그리고 문제文題는 지난 밤 노유학자가 쓴 문장 중 최고로 빼어난 것의 제목으로 삼고서, 왕은 오로지 노유학자의 답안을 기다렸다. 이윽고 답안이 산더미처럼 쌓인 가운데 시관試官은 그 문장을 골라내어 왕에게 바쳤다. 왕이 읽어 보시니 틀림없이 요전날 밤의 문장이어서 친히 제일 장원壯元으로 정하셨다. 당일 방을 내걸어 문장을 쓴 장본인을 대령하게 했더니 뜻밖에도 노인이 아닌 전혀 다른 소년이 아닌가! 왕은 크게 놀라 너의 답안은 그대가 직접 쓴 것이냐고 묻자, 소년은

"아닙니다. 저의 노스승님의 문장 중에서 골라서 쓴 것입니다."

157

라고 대답하자

"노스승은 어찌 직접 나오지 않았는가?"

하고 다시 물으시자

"노스승님은 어젯밤 뜻하지 않게 좋은 쌀과 고기를 너무 많이 드셔서 복통을 일으켜 할 수 없이 소신이 대신 그 사초私草를 품속에 넣고 과거장에 들어오게 된 것입니다."

라고 대답하였다. 왕은 이것을 듣고 크게 실망하였으나 일단은 소년을 물러나게 하고, 곧바로 사람을 급히 보내 노유학자의 거처를 방문토록 하였다. 가엾게도 노유학자는 공복에 맛있는 음식을 과식하여 결국 설사를 일으켜 그날 숨을 거두었다고 한다.

이것도 성종 때의 일이었다. 어느 날 밤 한밤중에 미행微行[4]을 납시어 어느 거리를 지나는데 한 여자가 사립문을 열고 나오니 남쪽의 나무 한 그루 위에서 까치 소리가 들렸다. 그 여자는 주위를 둘러보고 아무도 없다는 것을 확인하고 마찬가지로 까치 울음소리를 흉내 내며 나뭇가지 하나를 입에 물고 나무 위로 올라갔다. 나무 위에도 까치가 있어 연신 울면서 그 가지를 건네받았다. 성왕이 몹시 이상히 여겨

'이 야심한 밤에 어떤 유별난 것을 좋아하는 사람일까? 특별한 사정이 있을 게다.'

하고 사립문에 가까이 다가가셨다. 그 여자는 사람의 기척을 눈치채고 크게 놀라 당황하며 나무에서 내려와 날듯이 문 안으로 도망쳐 들어갔다.

---

4 미복잠행微服潛行의 준말. 지위가 높은 사람이 무엇을 몰래 살피기 위하여 남루한 옷차림을 하고 남모르게 다님.

계속해서 남자 한 명도 황급히 나무 위에서 미끄러져 내려와 재빨리 사립
문을 닫으려 했다. 성왕이 조용히 문으로 다가가서 주인에게 온화하게 무
엇을 하신 것입니까 하고 묻자, 주인은 밤이라도 알아챌 만큼 부끄러워하
며 말했다.

"저는 어릴 때부터 수없이 과거에 응시했습니다. 올해 벌써 50세가 되었
는데 아직 급제하지 못했습니다. 속담에 까치가 집 남쪽에 둥지를 틀면
길사吉事가 있다고 해서 십수 년 전부터 정남쪽에 나무 하나를 심어 까치가
오기를 기다렸는데, 나무가 성장하여 그늘이 무성해졌는데도 여전히 까치
가 와서 둥지를 틀지 않았습니다. 오늘도 늙은 아내와 절절이 기박棋博한
신세를 이야기하다가, 오늘 밤 한밤중이 되어 사람들의 왕래가 잠잠해지면
둘이서 까치 흉내를 내면서 남쪽 나무에 둥지를 만들며 놀자고 상의했습니
다. 막 지금 그것을 시작했는데 창피하게도 손님에게 들킨 것입니다. 이것
도 운이 없는 노부부의 한심한 소일거리라고 여기시어 다른 사람에게 알리
지 마시기 바랍니다."

라고 매우 부끄러운 듯이 이야기했다. 왕은 곰곰이 끝까지 듣고 나서

"저는 지나가는 나그네. 어찌 다른 사람에게 얘기하겠습니까? 또 사람의
운은 눈 깜짝할 사이에도 바뀌는 것입니다. 어제까지 불운이었던 것이 내
일은 순식간에 운이 트이지 말라는 경우도 없습니다. 세상은 정직한 사람
이 결국 하늘의 은혜도 받는 것입니다. 선생님도 변함없이 나태해지지 말
고 면학에 힘쓰시기를 바랍니다."

라고 말하고 궁으로 돌아오셨다. 다음 날 임시과거를 행하라 명령하시고
과거 문제는 사람까치(人鵲)로 정하셨다. 그러자 과거에 응시한 많은 수재
秀才도 경사백가經史百家5의 책 중에 지금까지 보지 못한 희한한 제목이라며

모두들 어안이 벙벙하여 문장을 만들 수가 없었다. 오직 한 사람 늙은 수재(老秀才)만은 남모르게 짐작되는 것이 있었다. 아주 짧은 시간에 답안을 쓰고 일천一天[6]으로 시관試官에게 제출했다. 왕은 이것을 읽으시고 이것이야말로 제목의 의도에 부합되니, 고금의 재자才子라고 평하시고 바로 그 자리에서 친히 장원급제로 정하셨다고 한다.

(一) 과거………과거는 곧 문관시험으로 이 나라의 갑오甲午[7] 이전까지 계속되어서 적어도 청운의 뜻을 품은 청년은 반드시 한 번은 이것을 통과해야만 하는 관문이다. 이하 과거에 대한 개요를 간략하게 설명하고자 한다.

과거에는 초시初試, 진사進士 및 급제 등 3가지 종류가 있다. 초시는 즉 제일 첫 시험으로 예비시험이라고도 할 수 있다. 진사는 문관 자격은 얻을 수 있지만 여전히 직급이 낮아서, 급제 시험에 합격한 자야말로 용문龍門에 올라갈 수가 있다. 과거를 행하는 것은 정기적이지 않으나, 자子, 오午, 묘卯, 유酉 등의 4년은 이를 식년式年[8]이라고 칭하고, 반드시 조선팔도 전역에서 초시의 과거를 행하는 것을 법으로 정하고 있다. 감시監試란 것이 바로 이것이다. 이 때 팔도 중 삼남三南 즉 경상, 전라, 충청도에는 특히 경성京城에서 시험관을 파견하여 시험을 실시한다. 아무튼 삼남은 문화의

---

5 경사는 경서經書와 사기史記 그리고 여러 학자가 쓴 저서를 이르는 말.
6 과거 때 맨 먼저 바치는 글장.
7 여기서는 1894년 갑오개혁을 말함. 성균관을 근대적 교양을 가르치는 학교로 개편하고, 근대적 관리등용법을 제정하면서 과거제도는 폐지되었음.
8 자子, 묘卯, 오午, 유酉 따위의 간지干支가 들어 있는 해. 3년마다 한 번씩 돌아오는데, 이해에 과거를 실시하거나 호적을 조사하였음.

땅이라고 칭해지는데 특히 경상도는 크게 문화가 발달하여 나라의 인재 반이 여기에 모여 있다고 한다. 초시에도 미리 급제자의 인원을 각 도마다 적당하게 정해 두고 그 수를 넘어서는 안 된다. 식년의 다음해를 회시會試라고 칭하고 초시 합격자를 모아서 경성에서 시험을 치고 그 합격자를 진사進士라고 칭한다. 회시의 합격자 수는 항상 2백 명으로 하고 있다. 2백 명의 진사 중에 운이 좋은 자는 곧바로 관직을 얻기는 하나 대부분은 경성에 있는 대학교 성균관에 입학할 자격이 주어져 짐을 들고 입경入京하여 다시 성균관 교수에게 공부를 배운다. 면학 중에 다시금 급제시험에 응시하여 시험에 합격하여 관리가 되는 것이 일반적이다. 성균관은 학년도 정하지 않고, 연수도 정하지 않고 여기서 재학하며 식사는 모두 관에서 지급하기 때문에, 소위 서생書生 혹은 처사處士라 칭하여 제멋대로 함부로 논의(橫議)를 하고, 국왕도 또 이들을 포의재상布衣宰相이라 해서 우대하여 빈번히 친히 행차하여 주찬酒饌을 베푼다.

자子, 오午, 묘卯, 유酉 등의 식년의 고시는 4년마다 한 번 열리는 계산이 되는데 그 외 국왕의 사정으로 임시로 행해지는 과거도 매우 많다. 이를테면 정시庭試, 알성謁聖, 응제應製, 증광增廣 등이 그것인데, 모두 국왕이 친히 시험을 치르게 명하는 것으로 그중 알성은 국왕이 공자묘에 참배할 때 행하는 과거이다. 이상으로 정시, 알성, 응제, 증광 네 가지 과거는 초시, 진사, 급제 세 시험 모두 있어 힌 번에 급제까지 응시를 할 수 있었다. 그러나 어느 경우든 합격자의 수를 미리 정하여 이것을 넘지 않게 하였다. 미리 사람들에게 이번 고시는 초시 몇 명, 진사 몇 명, 급제 몇 명을 뽑는다고 개시한다. 초시와 진사의 수는 반드시 소수는 아니지만, 급제의 경우는 극소수로 정하여 3명 내지는 2명, 혹은 1명이 되기도 한다. 따라서 과거급제라는 영광을 얻는 것은 하늘에 별 따기로 대부분의 지원자들은 진사로 만족하여 지위가 낮은 벼슬(令官)로 일생을 마친다. 특히 외딴 시골에서는 초시에 합격한 자가 드물어 초시라고 하면 엄연히 시골학자라 할 수 있다.

　다음으로 과거의 실제 상황에 대해 기술하고자 한다. 동해예의 국東海禮儀國, 동해문명국이라고 자부하는 조선인지라 도시와 시골 모두 가계가 여유로운 집안은 자제에게 독서를 시키고 반드시 과거에 응시하도록 한다. 그러하니 몇 해 전부터 지금까지 경성에 과거가 있기라도 하면 팔도의 응시자가 조수와 같이 밀려오니 그 수가 몇 만 명에 이른다. 이것을 광장에 모이게 하고 그 앞에 울짱을 쳐서 한층 높은 곳에 고시관考試官이 앉고, 그 아래 역정役丁[9]이 있어 답안을 주워 모으는 역할을 맡는다. 답안을 완성하면 모두 앞을 다투어 그것을 울짱 너머로 시관 앞 탁자를 향해 던진다. 사역使役은 이것을 주워 시관 앞 탁자 위에 종이를 펴서 포개어 놓으면 시관은 여기에 그 접수 순서대로 1천天·2천·3천 그리고 10천까지, 1지地·2지·3지 10지까지, 1현玄·2현·3현 10현까지, 1황黃·2황·3황 10황까지 이하 천자문 순서대로 부호를 쓴다. 1천의 답안은 가령 그 문장이 조금 처지더라도 관대하게 심사하여 급제

---

9 삯을 받고 남의 일을 해 주는 사람.

시킨다. 이러하니 수만의 수험자가 조수처럼 앞다투어 위치가 좋은 곳을 점령하기 위해 서로 경쟁하니 사정使丁[10]은 봉을 들고 그것을 저지한다. 응시생들의 몸싸움은 더욱더 심해져 매 과거마다 항상 수명의 사망자가 나오고 있다.

하지만 여기서 이 나라의 아득한 옛날 사람들의 마음이 친절하고 정중(敦厚)했다는 사실을 회상할 필요가 있다. 이와 같이 수험자의 답안이 수만이나 되니 소수의 시관은 삼면육비三面六臂[11]라 할지라도 각각의 답안을 일일이 정사精査할 수 없는 것은 당연한 일이었다. 따라서 수험자에게 행운과 불운이 생기는 것은 어쩔 수 없는 일이다. 그런데도 처음 조선에 과거라는 제도가 시작됐을 때 기록에 의하면 당시 수험자는 불과 30명이었고 한다. 아마 사람들의 마음이 친절하고 정중하여 보통으로 공부하는 자는 응시자격이 없다고 사양했고 상당히 자신 있는 학자들만 비로소 응시했던 것이다. 그 후 인심이 점차로 경박하고 엷어져(澆漓) 결국 근대에 이르러, 시골과 도시 모두 과거에 열을 올려 개나 소나 한 번은 응시하는 폐풍을 낳았다. 심한 예로 과거대리인이라는 것이 생겼는데 타인의 과거를 대신하는 것으로 동반 입장하여 문제에 대한 문장을 만들어 수험자 본인의 이름으로 답안을 낸다. 그러니 나이 15세에 과거에 응시하는 자가 생겼다. 운 좋게 급제했어도 타인의 힘으로 된 것이니 대단한 일도 아니다. 이렇게 해서 수만 명이 과거장에 입장하는 기괴한 경관을 보기에 이르게 된 것이다. 인심

10 옛날 관청에서 잔심부름을 하던 사람. 일제 때에는 '소사小使'란 말을 썼음.
11 얼굴이 셋, 팔이 여섯이라는 뜻으로, 혼자서 여러 사람 몫의 일을 함을 이르는 말.

이 경박하고 엷은 것은 물론 시관에게도 점염되어 그들에게 진정 수재를 발탁하겠다는 성의 따위는 없으며, 무의식적으로 산처럼 쌓인 답안 중에서 10장, 20장 대체로 예정된 급제자 수를 표준으로 추출하여 이것을 사열査閱하여 조금이라도 괜찮다 싶으면 이것을 합격시킨다. 점점 말세에 가까워지면 경성에서 유력한 양반은 과거를 정직하게 볼 필요가 없다고 깨닫고 서로 상의하여 조합을 조직했다. 각자 순서대로 자신의 자제를 급제자로 선정하여, 이것을 시관에게도 통지하여 대부분 형식적으로 응시만 하게 하여 즉시 합격시킨다. 참으로 인심이 부패했고 범법이라고 하지 않을 수 없다.

내가 아는 노학자가 말하기를 자신이 급제한 과거에서는 수만 명이 응시했고 그중 유일하게 자기 혼자 급제자가 되었다고 했다. 하지만 그 또한 소론小論의 유력한 양반으로 거의 소론당의 주도권을 쥐고 흔드는 집안의 아들이었기 때문에 미리 조합의 결의에 의해 합격자로 예정된 사실을 정녕 모른다 말인가! 또한 그는 본디 시문詩文을 빨리 만드는 것으로 유명했는데, 한번 응시하여 급제한 후, 여러 차례 타인의 부탁을 받아들여 대신 과거장에 들어갔고, 어떤 경우에는 한번에 4, 5명의 답안을 쓴 일도 있었다고 한다. 대신 시험을 보는 일에는 물론 보수가 따른다. 보수에 딱히 그 액수가 정해져 있지 않았지만, 요컨대 문벌이 천하면 천할수록 보수가 많은 것이 상례였다. 상한常漢[12]으로 초시, 진사라는 호칭

---

12 상놈. 신분身分이 낮은 남자男子를 낮잡는 뜻으로 이르던 말.

을 얻기 위해 대리시험자를 채용하여 시험을 보기 위해서는 수백 원의 보수를 내지 않으면 안 된다. 국왕은 자기 마음대로 수시로 과거를 행할 권리를 갖고 있다. 임시 과거가 빈번하게 행해졌는데 심한 예로 수개월에 한번 열리는 일도 있었다. 특히 선대의 왕은 왠지 특별히 과거를 좋아하여 매월 거의 과거 없는 달이 없을 정도였다. 과거는 경성에는 큰 이익이었지만 지방은 큰 손해를 입었다. 과거가 있다고 하면 지방에서 공부하는 자는 실로 천 리를 마다 않고 당나귀를 타고 하인 한 명을 데리고 입경하여 동소문東小門 부근을 중심으로 경성 각 지역에서 투숙한다. 그 수가 매회 수만 명에 이른다. 그들은 반드시 다소의 노잣돈을 지참하고 왔는데 경성에서 쓰는 것이 어찌 수만 원뿐이겠는가. 경성의 상인은 이를 통해 생계를 잇는 집이 수백 가구이며 특히 동소문 부근 즉 성균관 근방의 인가는 모두 과거 응시자의 객사이니 도쿄東京의 혼고本鄕, 간다神田를 방불케 한다. 하지만 과거가 폐지된 후 이 부근의 인가는 모두 생업을 잃고 다른 곳으로 이전하여 지금의 동소문 일대는 솔밭의 푸른 잎과 여기저기 흩어져 있는 빈가貧家의 차가운 연기만 볼 수 있게 되었다.

선황제는 혹시 경성을 풍요롭게 하기 위한 방법으로 이처럼 과거를 빈번히 실시한 것일까? 혹은 많은 사람들이 군집한 장관壯觀을 기뻐하여 이렇게 한 것인가? 이것에 대해 연구해 본 결과, 실은 폐하의 의중은 적본주의敵本主義[13]로 과거 때마다 초시, 진시, 급제

---

13 목적은 다른 곳에 있는 것처럼 꾸미고 실상은 그 하고자 하는 목적으로 나아가는 일.

를 매관하는 것에 있었던 것이다. 따라서 정직한 시골의 공부하는 자들은 백 리를 옷가지를 짊어지고 공명을 꿈꾸며 입경하여 머리를 짜내 시험을 본다고 할지라도 실제 합격자는 이미 재빠르게 내관內官이나 그 외 과거 중매자의 손을 통해 이미 계약을 끝내 버린다. 정직한 이들이 제출한 수많은 답안은 시관의 손에 가지도 못하고, 모아서 관중의 내관, 승지承旨 등의 사적인 휴지로 되어 버린다. 그중에는 또 이 답안지를 시장 사람에게 파는 궁노宮奴조차 있다. 종이 질은 두껍고 강하니 1장에 몇 리厘씩 사는 자도 있어, 온돌의 초벌 도배지로나 벽·장지문에 붙이는 용도로 쓴다. 실로 삼단계로 폭포의 물이 높아지면 물고기가 용이 되는데, 어리석은 사람은 오히려 두레박으로 밤새 물을 퍼내는(三級浪高魚化龍 癡人猶戽夜塘水)[14] 격이다. 매관의 시세는 때에 따라서 비싸기도 하고 싸기도 하지만, 요컨대 문벌 있는 양반이 사려고 하면 싸고 평민에게는 매우 비싸다. 그러면 이것을 사는 자에게 이익이 있는가 하면 전혀 이득도 없다. 옛날과는 달리 급제한다 해도 이 사람을 임관시키지 않으며, 진사, 초시 모두 그러하다. 단지 얻는 것은 급제, 진사, 초시라는 칭호뿐이다. 이를 문호門戶를 얻는다고 한다. 그러하니 오래 전부터 이미 과거의 무용을 논하고 이것을 폐지시켜야 한다고 주장하는 사람이 있었으니 일본, 지나支那의 간섭

---

14 중국의 하왕조夏王朝를 연 우禹가 황하黃河의 치수治水를 행할 때, 상류의 용문산竜門山을 3단으로 베어 잘라 놓았기 때문에 3단 폭포가 생겼다. 이것을 '우문禹門(용문竜門)의 삼급'이라고 해서, 매년 3월 3일 복숭아꽃이 피는 시절 많은 물고기가 황하를 통해 용문산 아래로 군집해 용문삼급을 거슬러 올라가 다 올라간 물고기는 머리위에 뿔이 나고 비늘을 펼쳐 용이 되어 승천한다고 한다. 훗날 과거 시험장 문을 용문이라고 하고 급제하여 진사가 된 자, 더 나아가 어려운 관문을 통과하여 출세를 한 자를 '등용문'이라고 했다.

이 점점 심해지자 마침내 폐지되었다. 과거는 폐지되었지만, 매관은 점점 늘어나 관가의 부패는 여전하다.

이상은 문과의 과거이지만, 무과의 과거도 그 폐해가 문과와 다름없다. 무과는 처음에 검劍, 봉棒, 활쏘기(射), 말 다루는 기술(御), 병서 등의 과목이 있었지만 근대에 이르러서는 활쏘기 한 과목만을 치르게 되었다. 국왕이 친히 납시어 시험을 보는데 활쏘기장은 거리 3백 보이며, 일반적인 무사는 과녁에 명중시킬 수 없다. 양반의 자제는 어떻게 이 시험에 합격하는가 하면, 미리 활쏘기 선생님을 구해서 마침내 자신이 쏠 차례가 되면 대신해서 쏘게 하였다. 이것을 대사代射라고 한다. 국왕은 멀리 떨어져 있어서 누가 쏜 것인지 얼굴을 분간할 수 없다. 대사代射로 명중을 시키면 급제하여 당당하게 무직武職에 오른다. 활쏘기 명장 선생님은 경성에 많지 않기 때문에 혼자서 태연하게 다수의 양반의 대사代射를 한다. 하지만 역시 무과의 경우 관직을 매매한다는 소리는 듣지 못했다. 아마도 활쏘기는 눈으로 직접 확인하는 것으로 명중키지 못한 것을 명중시켰다고 속일 수는 없었기 때문이리라.

아무튼 몇 명의 급제자를 뽑을 때는 시험 후 3일 또는 2일 또는 당일에 명단을 게시하여 발표한다. 제 1위는 장원이라고 하는데 지나支那의 장원에 해당한다. 급제자에게는 홍패紅牌[15]를 주고 또 국왕은 친히 맞아들여 이들에게 꽃을 하사한다. 꽃은 가느다란 대나무에 홍화를 점점이 붙인 것으로 관 뒤에 꽂으면 관 앞쪽까지

---

15 급제한 사람에게 내어 주던 증서. 붉은 바탕의 종이에 그의 성적·등급 및 서명署名을 먹으로 적었음.

드리워지고 걸으면 부드럽게 상하로 움직인다.[16] 하사받은 꽃을 꽂고 감사의 말씀을 올리면 국왕은 또 악공樂工을 내려 주신다. 악공은 급제자 앞뒤로 줄지어 서서 아악을 연주하며, 길거리로 나와 3일간 급제자의 지인과 친지를 방문한다. 이것을 유가游街라고 한다. 유가가 끝나고 궁내부宮內府에 출두하여 사령辭令을 받고 바로 청관淸官[17]에 임명된다. 관직에는 당상堂上, 당하堂下가 있다. 일본의 상달부上達部,[18] 전상관殿上官[19]과 비슷하다. 당상은 정삼품正三品 이상을 말한다. 당하는 종삼품從三品부터 구품九品까지를 말한다. 당상의 여러 관직 중 급제생이 즉시 서임되는 직책은 참의다. 승지承旨, 태사성太司成, 의의吏議 등이 있다. 당하관에는 주서注書, 대교待敎, 한림翰林, 교리校理, 직도直道 등이 있다. 특히 장원급제자는 자주 암행어사로 임명된다. 암행어사란 국왕이 직접 파견한 친정관親政官으로 마패를 받고 미복하여 지방 정치를 시찰하여 감사監司 및 군수의 치적을 암찰한다. 즉시 군수를 면관免官할 권리가 있으니 큰 직책임에 틀림없다.

---

16 이른바 어사화御賜花를 말함.
17 조선朝鮮 시대 때 홍문관 벼슬아치를 일컬음. 문명文名과 청망淸望이 있는 청백리淸白吏라는 의미에서 이렇게 일컬음.
18 태정대신太政大臣·좌대신左大臣·우대신右大臣·대납언大納言·중납언中納言·참의參議 및 3품 이상 당상관의 총칭(=공경公卿).
19 4품·5품 이상과 6품의 장인藏人으로 청량전淸涼殿·자신전紫宸殿의 정전에 올라가는 것이 허락된 당상관.

23. 사람과 호랑이와의 싸움_{人虎の争い}

옛날 옛날에 인심人心이 매우 소박하여 사람과 동물의 구별이 지금과 같이 확실하지 않아 서로 언어를 주고받고 할 때의 일이다. 한 사람의 인간이 들판을 가고 있었는데 함정에 떨어진 한 마리의 호랑이^(一)를 발견했다. 호랑이는 '여보세요, 여보세요.' 하고 소리를 질러 걸음을 멈추게 하고는

"내가 뜻밖에 함정에 빠져 이곳에 갇혀 오도 가도 못하고 죽음만을 기다리고 있소. 아, 일생의 소원이니 도와주시오."

라고 말한다. 사람도 역시 가엾게 생각하여 생명을 아끼고 죽음을 피하고자 하는 마음은 모든 살아 있는 생물이 갖고 있는 마음인지라 갖은 고생을 다하여 그를 구해 내었다. 그런데 호랑이는 구조를 받자마자 동물의 왕답게 활활 타오를 듯한 눈을 번뜩이며, 주묵朱墨을 담은 쟁반같이 큰 입을 벌리고 당장이라도 은인을 한입에 물어 죽이려고 한다. 사람은 혼이 달아나 어떻게 생명의 은인인 나를 오히려 집어 삼키려고 하느냐고 반문하자, 호랑이는 크게 폭소하며

"은혜는 은혜고 먹이는 먹이나. 내가 함정에 빠시고부터 어느넷 이틀이 지났으니 공복을 잠시라도 참을 수가 없다. 지금 네가 좋은 먹잇감으로

169

내 앞에 있는데 어찌 만찬을 마다하겠는가? 이래도 할 말이 남아 있느냐?"
라고 말했다. 그 때 인간이

"우리 둘의 싸움은 우리 둘이서 결정할 수가 없소. 저곳에 보이는 소나무
에게 어느 쪽이 옳은지 물어 보십시다."
라고 하며 즉시 송공松公을 불러서 양자의 옳고 그름을 물으니 송공이 대답
하기를

"정말 교활한 것은 당신 인간이오. 당신이 행하는 것을, 인간이 행하는
것을 내가 왜 반대하는지 들어 보시오. 자, 인간이 우리들 소나무를 어떻게
대했소? 우리들은 한 척도 채 되지 않은 어릴 때부터 그들에게 혜택이면
혜택을 주었지, 해를 입힌 적은 절대 없었소. 바람에 떨어진 낙엽이나 비에
꺾인 작은 가지는 당신들을 따뜻하게 데워줄 땔감이 되었소. 더구나 점차
자라서 솔잎에 맺힌 이슬과 송이버섯을 만들어 내게 되면 식탁의 진귀한
맛으로 음미하며 즐기지 않았소. 그런데도 우리들이 몇 십 년의 풍로風露를
견디고 마침내 우뚝하니 높이 솟은 큰 나무가 되면 이내 도끼를 휘둘러
잘라 쓰러뜨려 우리들의 생명을 빼앗았소. 이래도 당신은 은혜를 원수로
갚지 않는다고 말할 수 있겠소? 호랑이 당신의 말은 정말로 지당한 이치라
고 생각하오. 참으로 은혜는 은혜고, 먹이는 먹이지요. 배가 고프다면 무엇
을 망설인다는 말이오?"
라고 말했다. 호랑이는 백만의 아군을 얻은 것보다 더 기뻐하며 변명이
있을 리 없다고 보고 막 잡아먹으려 하였다. 그때 우연히 황소가 그곳을
지나갔다. 인간이 생각하기를 소는 역시 가축인 만큼 인간에게 깊은 동정
심을 갖고 있을 것이라며 '어이, 어이' 하고 불러 세우고는 이러이러한 언쟁
인데 당신은 어떻게 판결을 내리겠소? 하고 물으니, 소도 크게 폭소하며

"그거야 물을 필요도 없소. 인간이 우리들을 어떻게 대했는지 생각해 보시오. 애초부터 어미젖을 떼고 나면 마구 일을 시키고 견딜 수 있는 최대한의 무거운 짐을 짊어지게 하였소. 거기에 채찍까지 휘두르며 우리들은 봄에는 경작하고, 여름에는 김을 매고, 가을에는 수확물을 짊어지고 겨울에도 땔감에 안장이 짓눌려 아프니 일 년 내내 쉴 틈 없이 혹사당했소. 그리고 나이가 들어 힘에 부치게 되면 매정하게도 칼로 목을 쳐서 고기를 탐식하지요. 인간이 하는 일은 모두 이와 같소. 호공虎公의 말씀은 지극히 신묘한 이치라 할 수 있소. 자신이 행한 일은 자신에게 돌아가는 법이오."

라고 매우 신랄하게 판결을 내렸다. 인간도 그야말로 절체절명絶體絶命으로 이제 호랑이 먹이가 되는가! 하는 그 때 우연히 한 마리 백여우가 지나가려고 하였다. 여우에게 무슨 동정심이 있겠는가 생각하며 불러 세우고 공평한 재판을 부탁하자 백여우는 눈썹을 찌푸리며

"그것은 근래 보기 드문 괴이한 일이군요. 도대체 어떻게 된 일인지 사건의 발단을 보지 않으면 판결을 내릴 수가 없소. 내 눈앞에서 다시 원래대로 호공虎公은 함정으로, 인간은 그 위에 서 보시오."

라고 말하자, 호랑이는 물론 자신의 승리를 확신하며 지시대로 다시 함정에 내려가 몸을 웅크리고 사람은 함정 위에 서서 함정 안을 내려다보았다. 그때 여우는 쾌활하게 말하기를

"이렇게 되면 특별히 불만이 생기지 않을 터. 섣불리 호랑이를 구해 주었기 때문에 어려운 재판이 생긴 것이오. 모름지기 편안했던 그 시점으로 돌아가야지요. 자 인간이여 어서 이곳을 떠나지 않을 거요?"

라고 재촉하고는 그곳을 떠나갔다.

(一) 조선은 역시 호랑이의 본고장인 만큼 호랑이 이야기가 백여 가지가 넘는다. 이야기들은 모두 얼마나 호랑이가 무서운가를 보여준다. 특히 속설에 의하면 조선의 삼림이 벌거숭이가 된 이유 중의 하나가 호랑으로 인한 피해라고도 한다. 즉 삼림이 울창하면 자연히 호랑이가 출몰하여 사람과 가축을 살상하니, 호랑이의 서식처를 없애 버리려고 관官은 명령을 내려 적극적으로 삼림을 벨 것을 권장했던 것이다. 혹자는 말하기를 그것이 아니라고 한다. 인민이 울창한 삼림을 사유하자, 국왕이 이 사실을 듣고 그 곳은 최적의 못자리라서 아무개 공신 아무개 양반의 못자리로 하기 위해 억지로 헌상하게 하였다. 이런 어처구니없는 처사에 인민은 재빨리 벌목해 버렸다. 소위 가혹한 정치가 호랑이보다 무섭다는 것으로, 이로 인해 삼림이 벌거숭이가 되었다는 설도 있다.

아무튼 수년 전까지는 경성 동쪽 문밖에서는 일 년에 2, 3회 정도 맹호의 포효소리가 들렸고 지금도 여전히 지방에서는 호랑이 피해가 한 겨울 동안 4, 5회나 신문에 보도되기도 한다. 이에 나는 심도 있게 이 나라의 호랑이 이야기를 연구해 보았다. 처음에는 단순히 금수로서의 호랑이의 맹렬猛烈함만을 이야기는 데에 머물렀지만 점차 인민의 호랑이에 대한 관념이 변화하여 종국에는 호랑이를 인격화하고 더 나아가 영격화靈格化, 신격화하여 신변불사의 영적 능력이 있고, 인간의 언어를 자유롭게 구사하는 것은 물론, 단지 무섭기만 한 것이 아니라 숭배해야 할 신물神物에 이르렀다. 그 실증으로 이하에 소개하는 이야기를 읽어 보기 바란다.

호랑이에 대한 이러한 관념의 발전은 일본의 뱀에 대한 관념과 매우 유사한 점이 있다. 까마득한 옛날 태곳적에 이 나라에는 호랑이 피해가 매우 많았고 일본에는 뱀 피해가 매우 심했다는 사실을 알려주는 것이라고 추측해 본다.

완역 조선이야기집과 속담

24. 신호神虎*

서화담徐花潭[1] 선생先生 경덕敬德은 인종仁宗 왕 때의 대유학자로 경사백가經史百家[2]는 물론 노불老佛,[3] 음양점복陰陽占卜에 이르기까지 통달하지 않은 분야가 없었다. 화담花潭에 은거하며 장막을 치고 서생書生을 가르쳤기에 호를 화담이라 하였다. 어느 날 평소대로 서생에게 강의를 하고 있는데 갑자기 모습이 야위고 파리한 한 노승이 들어와 깊이 선생에게 예를 표하고 돌아갔다. 선생은 이를 배웅하며

"가엽도다. 불쌍하도다."

라고 혼잣말을 했다. 제자들은 모두 의아해하며 왜 불쌍하다고 말씀하는지 그 연유를 묻자, 선생이 대답하기를,

"아까의 노승은 아무개 산의 신호神虎이다. 내일 신랑을 맞이할 아무개

---

* 이 이야기는 동패락송東稗洛誦에 수록되어 있음.
1 서경덕(1489~1546)은 조선 중기의 유학자로 학문 연구에서 격물格物을 통해 스스로 터득하는 것을 중시했으며, 독창적인 기일원론氣一元論의 철학을 제창하였다. 송도松都(개성의 옛 이름) 화담花潭 부근에 서재를 짓고 학문에 전념하여 화담이라는 별호로 더 알려져 있음.
2 경사는 경서經書와 사기史記 그리고 여러 학자가 쓴 저서를 이르는 말.
3 노자의 가르침과 석가의 가르침, 즉 도교와 불교.

촌村의 아무개 여인을 잡아먹기 위해 오늘 일부러 와서 나에게 고한 것이다. 비록 정해진 운명이라고 하지만 불쌍하구나."

하고 장탄식하였다. 그 때 무리 중의 눈가에 날쌔고 용감한 기운이 흘러넘치는 한 청년이 나와서 말했다.

"선생님께서 미리 재앙을 아신 이상, 반대로 이것을 막을 방도도 아실 것입니다. 어찌 가르쳐 주시지 않습니까?"

선생은 빙그레 웃으며 대답했다.

"그렇다. 이를 막을 방도는 분명히 있다. 하지만 보통사람은 감당키 어렵도다."

제자가 재차 어떤 방법이든 한 번 말씀만이라도 해 주시기를 원하자,

"실은 한 권의 불경을 읽기만 하면 되느니라. 어떤 무서운 것을 보아도 조금도 무서워하지 않고 한자도 틀리지 않고 전부 읽으면 이 재앙을 막을 수 있느니라. 단 만약 잘못 읽는다고 해도 독경자는 절대로 해를 입지 않는다."

라고 말하고 옆의 서가에서 한 권의 경문을 꺼내 들었다. 제자는 분연히 떨쳐 일어나

"못나고 어리석은 저이지만 감히 제가 이 임무를 맡겠습니다. 가령 벼락이 치고 산이 무너진다고 해도 반드시 무사히 한 권의 책을 다 읽겠습니다."

라고 맹세하고 선생님의 허락을 받아 준마駿馬를 타고 아무개 촌 아무개 씨가 있는 곳으로 달려갔다.

아무개 촌의 부자 아무개 씨 집에서는 오늘 밤 소중히 길러온 딸의 신랑을 맞이하기 위해 신랑 집에서 보내온 많은 선물을 늘어놓고 이것을 옮기는 사람들의 출입으로 크게 붐볐다. 아무개 서생은 이런 것은 거들떠보지

도 않고 말을 타고 대문에 당도하여, 매우 급한 용무가 있다고 하여 억지로 주인과 마주하였다.

"오늘 밤에 당신 집에 큰 재앙이 있을 것입니다. 이를 막지 않으면 필시 사랑하는 여식이 비명횡사할 것입니다. 이를 막는 방법은 저밖에 알지 못합니다. 저를 의심하여 제가 하는 말을 믿지 않으시는 일은 없을 줄로 압니다."

라고 하였다. 주인은 청천벽력같은 이야기에 깜짝 놀라 처음에는 미치광이의 허튼 소리라고 해서 상대도 하지 않았지만, 아무개 선생이 성심을 다해 완고하게 끝까지 주장하는 근기根氣에 져서 결국 마지못해 받아들이게 되었다. 서생이 주인에게 이르기를

"따님을 어느 방에 감금시키시고 문에 열쇠를 걸고 주변에 가장 힘이 센 노비 4, 5명을 붙여 어떤 일이 있어도 오늘 밤만은 따님이 밖으로 나오지 않도록 해 주십시오."

라고 지시하고, 자신은 촛불을 밝혀 환한 넓은 방에 단좌하여 그 경전을 읽었다. 한밤중이 되자 수많은 천둥이 한꺼번에 치는 것 같은 소리가 나더니, 한 마리 큰 늙은 호랑이가 담을 넘어 정원 안으로 뛰어 내렸다. 이제라도 딸이 있는 방을 향해 달려 들어가려고 할 때 그 독경소리를 듣고 힘이 빠져 정원 앞에 웅크리고 앉아 버렸다. 그러자 집안의 모든 사람들은 창백해지고 기력이 빠져 소리를 내는 이조차 없었다. 홀로 아무개 서생만이 태연히 낭랑한 목소리로 독송을 한다. 잠시 후 또다시 늙은 호랑이가 한번 사납게 울부짖고 방으로 달려 들어가려고 하자, 방안에 있던 딸은 벌떡 일어나 시중드는 시녀들을 쓰러뜨리고 문을 부수고 달려 나가 호랑이 곁으로 가려 하였다. 시녀들은 사력을 다하여 딸을 제지했다. 잠시 후 또다시

호랑이는 용기를 내서 돌진하려고 했지만 독경 소리를 듣고 뜻을 이루지 못했다. 딸도 그때마다 미치광이처럼 뛰어다니며 호랑이 곁으로 가까이 가려 했다. 그리고 잠시 후 호랑이는 크게 울부짖으며 돌진하여 딸이 있는 방의 창문의 나무를 물어뜯었다. 하지만 끝까지 물어뜯지는 못하였다. 이렇게 하길 세 차례. 그러는 사이에 불경 한 권을 전부 독경하게 되었고 날이 밝아 동쪽하늘이 뿌옇게 환해지자 호랑이는 갑자기 사라져 행방을 알 수 없게 되었다. 딸은 정신을 잃고 쓰러져 숨이 곧 끊어질 것처럼 약한 모습이었다. 급히 물을 뿌리자 마치 꿈에서 깨어나듯 깨어났다. 주인을 비롯해 일가의 모든 사람들은 서생 앞으로 가서 머리를 조아리고 신령님이라고 해야 할지 부처님이라고 해야 할지 아무튼 큰 은인이라고 해서 수백금數百金을 주고 감사의 마음을 표했다. 하지만 서생은 돈에 손 한번 대지 않고 인명을 구했으니 임무는 끝났다고 또 말을 타고 돌아가 버렸다.

돌아와 보니 선생이 빙그레 웃으며

"참으로 큰 임무를 완수했구나. 훌륭하다. 하지만 자네는 지난 밤 세 곳을 잘못 읽었네."

라고 하여 서생은 아니, 절대 그런 일이 없다고 하자

"아니다, 아니다. 아까 그 노승이 와서 나에게 사람을 살린 은덕을 감사해하고 갔는데 지난 밤 세 곳을 잘못 읽어서 그 증거로 방의 창의 나무를 세 번 물어뜯었다고 했다."

라고 말했다. '그렇다면' 하고 경문을 꺼내어 보니 과연 세 곳을 잘못 읽었다고 한다.

25. 장화홍련전長花紅蓮傳

옛날 옛날에 평안도 철산군鐵山郡에 토반土班[1]인 배무용裵無用이라는 자가 있었다. 아내도 똑같이 양반 집 강姜 씨로, 재능과 미모를 겸비한 훌륭한 부인이었다. 부부는 애정이 두터워 두 딸을 낳았는데, 큰 아이를 장화長花라고 이름 짓고 작은 아이는 홍련紅蓮이라고 이름 지었다. 둘 다 어미를 닮아 용모와 재주가 이미 빼어나 장래에 얼마나 아름답고 현명해질지 기대될 정도였다. 그리하여 부부도 금이야 옥이야 아끼며, 어떻게든 장래에는 문벌이 높고 재능이 뛰어난 사람에게 시집가게 하여, 할아버지 할머니라는 소리를 듣고 싶은 심사로 정성을 다하여 양육하였다.

인간 세상의 무상함은 아침에 피었다가 저녁에 지는 무궁화와 같다.[2] 부인인 강 씨는 일시적인 사소한 병이 점점 무거워졌다. 그리고 장화가 여섯 살, 홍련이 네 살이 되는 봄을 맞이하는 해에 비통해하는 남편과 딸을 뒤로 하고, 돌아올 수 없는 여행길을 떠나게 되었다. 그러자 강 씨도 아직

---

1 여러 대에 걸쳐 그 지방에 붙박이로 살고 있는 양반.
2 비슷한 의미의 한자어로 '근화일일자위영槿花一日自爲榮'이 있음. 아침에 피었다 저녁에 지는 무궁화無窮花같이 사람의 영화榮華는 덧없다는 의미.

이 세상에 아쉬운 마음이 많은지라, 임종을 맞이한 때에도 남편인 무용에게 절실하게 유언하였다.

"내가 죽은 뒤에는 두 딸을 두 배로 아끼며 어미 없는 딸의 슬픔을 보이게 하지 말아 주십시오. 부모의 마음이라는 것이 그러한 것이겠지만, 두 딸 모두 재능과 미모가 남에게 뒤지지 않게 태어났습니다. 바라건대 향초香草[3]가 가을서리에 말라가는 비참함을 보이게 하지 말아 주시오. 인간의 생은 죽음의 시작이니 죽어가는 저는 전혀 애석하지 않으나, 왠지 두 사람의 신상이 마음에 걸려 저승가는 길이 순탄치 않습니다. 부디 모든 것을 남편에게 맡기고 갑니다."

라고 하며, 창백한 얼굴에 붉은 눈물을 흘리며 그대로 세상을 떠났다.

그러자 배무용도 10년 동안 함께 산 아내를 잃은 터라, 남은 혈육을 마치 그 사람인 것처럼 생각하며, 밤낮으로 전보다 더욱 사랑으로 키웠다. 두 사람 모두 효심을 타고나, 먼저 간 어미를 그리워하고 살아있는 아비에게 효도하였으니, 그 상냥한 마음씨에 무용도 남몰래 눈물지었다. 하지만 주부가 없는 집은 집의 지붕이 부서진 것과 같아, 아무리 기둥과 초석이 견고하다고 한들, 비바람이 새는 것을 막을 수가 없었다. 꿀이 없는 꽃과 같아, 아무리 색이 아름답다고 한들 벌과 나비가 찾아오지 않았다. 무용도 2년, 3년은 딸의 사랑스러움에 견뎠지만 그 불편함을 더 이상 감내하질 못할 정도가 되었다. 그리고 아직 아들이 하나도 없어, 선조의 제사를 지낼 대가 끊길 우려도 있었다. 이에 장화가 열 살이 되는 해의 봄에 중매인을 통해 같은 양반 집안의 허許 씨를 맞이하여 후처로 삼았다.

허 씨는 용모가 훨씬 강 씨보다 못했고, 재주 역시 모자랐으며 마음도

---

3 향기 나는 풀. '장화'와 '홍련'은 한자로 풀었을 때, 꽃 이름이 되는 바, 이 둘을 이르는 말.

대단히 간사하였다. 그러나 과연 처음에는 발톱을 감추는 독수리와 매처럼 장화와 홍련 두 아이를 자기 자식처럼 소중히 하고, '내 딸아, 내 딸아' 하며 기르자, 두 아이도 어린아이인지라 사람 마음의 겉과 속을 분간하지 못하고, '어머니, 어머니' 하고 따르니 다시 이 집에 봄이 찾아왔다. 그런데 머지 않아 허 씨는 아이를 갖고 남자아이 하나를 낳고, 이어 또 하나, 또 하나 낳아 세 명의 아들을 두게 되었다. 그러자 점차 심성이 고약해져 때로는 눈에 쌍심지를 켜고 별 것 아닌 일에도 질책하고, 회초리까지 들곤 하였다. 그러자 두 아이의 마음속에 이윽고 한 점의 먹구름이 드리워져, 사람 좋다 는 무용이 한숨을 짓는 일도 있었다. 하지만 무용은 정말로 무용지물인 사람이라, 허 씨에게 완전히 눌려서 마구간의 늙은 둔한 말처럼 집안의 권리를 모두 아내에게 넘기고, 그저 가슴에 만석萬石의 근심을 가득 채우고 한마디도 아내에게 불평을 하지 않았다. 아아, 점점 봄바람은 가을바람으 로 바뀌어, 향초는 그야말로 시들어 버리려고 하는구나! 그러나 두 아이는 짓밟힌 보리가 다시 일어나 수려해지듯이, 용모가 점점 아름다워지는 것이 마치 춘화추월春花秋月과 같아, 그 이름이 어느새 멀리까지 퍼지고 어느덧 큰 아이는 16세의 봄을 맞이하니, 인편을 통해 아내로 맞이하고 싶다고 신청하는 자가 줄을 짓는 형국이었다. 허 씨는 더욱 질투하였고, 특히 자신 이 낳은 장남인 장쇠長釗는 날 때부터 우둔하여, 부모의 눈으로 보기에도 보통사람과 달리 심하게 바보였기 때문에, 한층 의붓자식의 현명함을 증오 하게 되었다. 그리하여 이보다 더 이상 좋은 인연이 없겠다 싶은 자까지도 모두 이러쿵저러쿵 구실을 달아 거절하도록 했다. 이 나라에서의 여자의 결혼적령기도 어느덧 지나 스물의 봄을 맞이하기에 이르렀다.

하루는 무용이 밖에서 돌아오니, 허 씨는 매우 분노한 표정으로

"아아 저의 남편이여, 평소 장화의 행동이 이상하다고 여기고 있었는데, 결혼이 미루어지는 것을 견디다 못해 못된 남자를 만들어 두고는, 이걸 보십시오, 몰래 수태까지 하였습니다. 오늘 그녀의 침상에서 태아를 발견했습니다."

라고 하고는 그럴 듯한 물건을 내놓았는데, 살펴보니 실로 그러한 듯하였다. 사람 좋다는 무용도 순식간에 격노하여,

"이런 못된 년 같으니, 양반 집 이름에 먹칠을 하다니, 도대체 어떤 악마에게 홀린 것이냐?"

하였다. 크게 원통해하는 모습을 보고 허 씨는 눈물을 흘리며

"이미 짐승과 같은 짓을 저지른 자는 자식이면서도 자식이 아닙니다. 공연히 불쌍히 여기면 더욱 집안의 이름을 더럽히게 될 것입니다. 이 일이 세상에 알려지기 전에 몰래 없애 버리는 것 외에는 방법이 없습니다."

라고 강하게 말하였다. 그러자 무용은 유약하게도 끝내 그리하도록 허락하였다.

그날 밤 허 씨는 장쇠를 불러 자세하게 사정을 알아듣게 전하였다. 밤이 이미 깊었는데, 갑자기 장화와 장쇠를 함께 죽은 어미의 외갓집에 갔다오라고 엄명하여 말을 벌써 끌고 오게 하였다. 장화는 때 아닌 외출을 지시받아 너무나도 괴이하게 여겼으나, 부모의 명령은 거절할 도리가 없었다. 두근거리는 가슴을 진정시키고 분명 흉한 일이 있을 것이라고 예감하며, 동생 홍련에게 넌지시 사별의 말을 전했다.

"여자로서 부덕婦德을 지키고 부모에게 효도를 다하렴. 특히 아버지는 요즘 점점 나이가 드셔서 불안해 보이는구나."

손을 잡고 눈물을 흘리며, 이윽고 말에 올라 장쇠에게 이끌려 어딘지도

모르며 끌려갔다. 원래 문 밖의 한 발짝 바깥도 모르는 몸으로 장쇠 한 사람을 의지해 어느덧 1, 2리를 따라가니 길 한편에 물이 가득 찬 연못이 있었다. 장쇠는 말을 멈추고 장화를 내리고, 차가운 말투로

"오늘 밤 너를 이곳에 데리고 나온 것은 외갓집에 가기 위한 것이 아니다. 우리 어머니가 네가 살아 있는 것을 싫어하셔서, 오늘 큰 쥐의 껍질을 벗겨 천에 싸고, 이것을 너의 침구 속에 놓아두고, 네가 수태하였다고 거짓말을 하여, 아버지를 속이고 너를 오늘 밤 이곳에서 죽이기로 한 것이다. 목숨은 여기까지라고 단념하고, 스스로 이 깊은 연못 안으로 뛰어들어 죽어 버려라."

라고 말하였다. 그러자 장화는 새삼 억장이 무너지며, 뜨거운 눈물을 뚝뚝 흘렸다.

"그런데 우리 새어머니는 왜 이리도 나를 미워하시는 것인가! 나는 어머니를 잃은 지 14년, 아직 한 번도 불효를 한 기억이 없다. 그리고 양반의 집에 태어난 몸으로서 부덕婦德이야말로 여자가 제일第一로 해야 하는 것을 태교를 받았기에 태어날 때부터 알고 있느니라. 죽는 것이 부모의 명령이라고 한다면 스스로 불에도 뛰어들고 물에도 들어갈 것이다. 하지만 있지도 않은 오명을 쓰고 아버지를 속이는 것은 죽는 것보다 더욱 괴로운 일이다. 하지만 부모의 명이라고 한다면 나는 죽을 것이다. 그렇지만 장쇠야, 너도 형제로서의 정은 있을 것이다. 바라건대 내일 하루만 더 나에게 시간을 주렴. 내가 내일 외갓집에 가서 사촌을 만나, 넌지시 동생 홍련의 신상을 부탁하고, 또 어머니의 묘를 찾아가서, 하다못해 영혼이 된다 하더라도 이 일을 호소하여 불효자의 죄를 빌 것이다. 아아, 장쇠야, 너는 이대로 돌아가서 장화는 이미 죽었다고 어머니에게 말해 주지 않겠는가. 나는 결

코 죽음을 피하려는 뜻이 없다. 내가 죽음을 피하면 어머니의 오명을 세상에 드러내게 되고, 또 아버지의 명을 거역하는 불효자가 된다. 반드시 내일 하루를 끝으로 나는 이 물에 뛰어들어 죽을 것이다."

라고 풀 위에 엎드려 애원하였다. 실로 무정한 초목이라도 감동할 정도였는데, 성질이 원래 둔한 장쇠는 완고하였다.

"왜 내일 하루 시간을 더 주어야 하는가. 내 어머니는 오늘 밤에 죽게 하라고 말씀하셨다. 얼른 뛰어들어라."

라고 재촉할 뿐이었다. 장화는 이젠 힘없이 하늘에 소리 높여 울고, 여동생 때문에 울고, 아버지 때문에 울며, 치마를 올려 얼굴을 가리고 한 발짝 한 발짝 연못 안 깊숙이 걸어 들어갔다. 곡성은 구슬프고 차가운 밤기운에 수목樹木이 무성해서 어두우니, 귀신도 이에 흐느끼려고 한다. 이윽고 물이 점점 깊어져 이미 장화의 몸은 모두 잠겨 버렸다. 홀연히 청공靑空에 괴이한 바람이 일어, 어디서부턴가 맹호가 바람을 일으키며 달려와, 냉담하게 바라보고 있는 장쇠를 크게 꾸짖으며,

"너는 사람이면서 사람이 아닌 놈이다. 천도天道를 모르느냐! 인도人道를 모르느냐!"

하고 순식간에 장쇠를 넘어뜨려, 한 쪽 귀와 한 쪽 다리를 물어뜯고 또 다시 홀연히 모습을 감추었다. 장쇠는 그대로 인사불성이 되어 쓰러져 버렸고, 장화를 태워 온 말은 맹호에 놀라 피해 달아나 자기 집을 향해 돌아 갔다.

그날 밤 허 씨는 역시 안절부절 못하여 잠들지 못하였다. 둔한 내 자식이 잘 해냈을까 하고 걱정하는 동안 밤은 이미 깊었으나 아직 돌아오지 않고 있었다. 괴로운 마음으로 기다리는데, 말 발굽소리가 슬프게 들리며 다가

184

왔고 그것이 문 앞에서 멈추더니 말울음 소리가 들렸다. 허 씨가 이를 듣고 급히 등불을 들고 나가 보자, 집의 말이 마치 폭포와 같이 전신에 땀을 흘리고 있었다. 게다가 장쇠의 모습은 없었다.

'그럼 틀림없이 내 아이에게 변고가 일어났구나.'

하여, 머슴들을 불러 깨워 말굽의 흔적을 더듬어 찾아가보니, 삼림이 울창한 연못에 이르렀다. 그 곳에 장쇠는 한쪽 귀와 한쪽 다리를 잃고 쓰러져 있고, 또 연못 깊은 곳에서는 비애에 찬 목소리가 들려, 마치 만곡萬斛의 원통함을 호소하는 듯하였다. 허 씨는 대략의 사정을 미루어 짐작하고, 호랑이가 나타나 내 아이를 물었구나 생각하고, 얼른 데리고 돌아가 치료해야겠다고, 머슴에게 업혀 데리고 돌아와 약을 바르고 먹였다. 장쇠는 다음 날에 겨우 정신을 차려 자초지종을 이야기하였다.

무용은 하룻밤 사이에 갑자기 장화가 죽은 것을 보고, '그러면 아내가 죽인 것이로구나.' 하고 생각하여, 곰곰이 따져 보니 그 딸이 부덕한 일을 했을 리 없었다. 혹시 아내의 나쁜 계략이 아니었을까 하고 의심하였지만, 어찌 되었든 간에 불행한 딸이 아니겠는가! 어린 나이에 어미를 잃고, 청춘에는 혼기를 놓치고, 끝내 천명을 다하지 못하고 숨을 거두었다. 자신도 후처를 들이지 않겠다고 생각하였지만, 가계를 위해 맞이하였는데, 생각해 보니 딸에게 양자를 들이게 하는 것이 괜찮은 방법이었겠다고, 밤낮으로 침울해하며 낙을 잃고 지냈다. 부부 사이도 자연히 소원해져 집안의 분위기가 음울하였다. 그러자 여동생인 홍련은 그날 밤 이래로 언니의 모습이 보이지 않고, 또 그 날 이후 어딘지 모르게 부모의 안색도 이상하고, 어머니와의 사이에도 거리가 있는 것처럼 느껴져, 마음속에 담아두지 못하고 하루는 어머니에게 영문을 물었다. 어머니는 그냥 매몰차게, 언니는 호랑이에게 잡혀갔고, 남동생도 역시 상처를 입었다고만 하며, 자세하게 알려주려 하지 않았다. 홍련은 여전히 의심이 풀리지 않아 자신의 방에 가만히 앉아 곰곰이 이제까지의 일을 되새겨 보니, 더욱 언니가 그리워졌다. 그렇다고는 하나, 언니는 왜 나를 두고 그날 밤 혼자서 나가신 것인가 하고 원망스럽게 생각하면서 자기도 모르는 사이에 잠시 졸았는데, 비몽사몽간에 언니 장화가 넓고 깊은 물속에서 선녀 같은 모습을 하고 황룡을 타고 올라와 자신을 한번 흘깃 쳐다보고는, 그대로 지나가려고 한다. 홍련이 깜짝 놀라, '언니, 언니' 하고 부르자 언니가 돌아보면서

"오늘 나는 옥황상제의 명을 받아 삼신산三神山에 약을 구하러 간다."

라고 하며,

"매우 바빠서 동생과 이야기도 제대로 하지 못하니, 나를 무정하다고 생각하지 말거라. 그대도 오래지 않아 내가 있는 곳으로 오게 될 것이다."

라고 하며 지나쳐 가 버렸다. 동생은 더욱 심란해져, '잠시 기다리세요.' 하고 언니를 쫓아가려고 하는데, 황룡이 큰 소리로 호통을 치는 통에 깜짝 놀라 깨어 보니, 남가일몽南柯一夢[4]이었다.

홍련은 더욱 괴이하게 생각하여, 하루는 부모가 함께 계실 때, 꿈에 대한 이야기를 꺼내며 어찌 된 일인가 하고 물어 보니, 아버지는 장탄식을 하며 눈물을 흘릴 뿐이었다. 어머니는 눈썹을 사납게 치켜 올리고,

"어린놈이 무슨 꿈 이야기냐, 꿈이라고 한들, 무슨 의미가 있는 꿈을 꾸겠는가, 쓸데없는 말로 부모의 마음을 어지럽혀서는 안 된다."

라며 꾸짖는다. 홍련은 어머니가 왜 이리도 매몰찰까! 아버지도 아무 말을 해 주지 않고, 어머니는 화를 내니 묻기도 어려워 걱정만 하던 끝에, 그

---

4 남쪽 가지에서의 꿈이란 뜻으로, 덧없는 꿈이나 한때의 헛된 부귀영화富貴榮華를 이르는 말.

우둔한 동생 장쇠를 속이는 것이 편하겠다고 생각하였다. 하루는 어머니가 외출한 사이에, 여전히 병상에 누워있는 장쇠를 달콤한 말로 속여, 끝내 모든 사정을 알아내고, 너무나도 기막힌 사정에 억장이 무너져, 자신의 방에 돌아가 굳게 문을 걸어 잠그고, 쓰러져 소리 높여 울었다.

"아아, 불쌍하구나! 나의 언니, 불행하구나! 나의 언니는 남보다 훨씬 아름답고 영리하게 태어나셨으면서도 이팔청춘을 허무하게 보내고, 여자로서의 할 일을 다하지 못하였네. 사람은 천명대로 죽어도 부족하다고 생각하거늘, 천명을 다하지 못하고 죽고, 죽어서도 당치 않은 오명을 벗을 길이 없구나. 아아, 부덕婦德을 잃은 여자는 이미 죽은 것과 다를 바 없다는 것은 우리나라의 가르침이다. 오명을 쓰게 하고, 또 천명을 다하지 못하게 한 것은 사람을 죽이고 다시 그 살점을 베어 내는 것과 같으니, 계모의 마음이 무섭구나. 나도 끝내는 분명 언니의 뒤를 따르게 될 것이 분명한 몸인데, 살아서 무엇 하겠는가. 하루를 살면 하루 근심이고, 이틀을 살면 이틀이 근심이다. 지금 당장 죽어, 혼백으로 언니 곁으로 가서 오래오래 형제간에 떨어지고 싶지 않구나. 언젠가 꾸었던 꿈이 이제 와서야 이해가 되는구나."

하며, 이리 데굴 저리 데굴 하며 슬퍼 울었다. 그런데 언니는 어느 연못에 몸을 던지신 것인가? 문 밖 한 발짝 앞도 모르는 처녀가 무엇을 길잡이로 하여 물어서 갈 것인지 참으로 어려운 일이었다. 무슨 방법이 없을까 하고 고민하고 있던 중, 뜰 앞의 꽃나무에서 신기한 새소리가 계속 들렸다. 창문을 열자 낯선 파랑새가 꽃나무를 이리저리 왔다 갔다 하며 울고 있었다. 그 소리가 서글프고 우수憂愁를 호소하는 듯, 한동안 떠나지 않았다. 홍련은 천천히 지켜보다가 문득 '못 보던 파랑새인데, 혹시 이 새는 언니의 유혼幽魂

인가? 언니가 아무도 몰래 나를 데리고 가려고 하시는 것이 아닌가? 하고 생각하였다. 그리고 '만일 이 새가 내일도 다시 와서 나를 부른다면 분명 언니가 부르시는 것이 틀림없다. 나는 이 새를 따라 어디로든 가겠다. 하지만 나도 역시 집을 나가 버렸다고 아시게 된다면, 우리 아버지의 마음은 어떠하시겠는가. 두 구슬 중 하나는 이미 산산조각 나서 떡갈나무 열매 하나[5]를 위안으로 삼고 계신데, 적어도 유서라도 남겨서 불효의 죄를 빌어야겠다.'라고 생각하여 편지를 띄웠다.

슬프도다. 나의 생모께서는 일찍이 돌아가시고, 우리 형제 서로 도와가며 살아 왔는데, 하룻밤 사이에 언니는 오명을 뒤집어쓰고 천명을 다하지 못하고 돌아가셨습니다. 저의 형제는 아버지 계신 곳에서 떨어지지 않고 모시기를 20년, 이러한 일은 꿈에도 생각했겠습니까! 아버지보다 먼저 형제가 함께 죽어 버리는 것은 큰 죄입니다. 하지만 이후 다시 아버님의 성음을 듣지 못하고, 아버님의 모습을 뵙지 못하옵니다. 아버님은 오늘을 마지막으로 불효자 홍련을 잊으시고 영원히 떠올리지 마시옵소서. 저는 지금도 아버님의 만수무강을 기원드리옵니다. 불효자 홍련 울면서 적습니다.

홍련은 편지를 은밀히 봉하여 '아버님께'라고 적어 벽에 붙여 두고, 새로이 몸단장을 하니, 이미 날이 저물어 밝은 달이 동천에 교교히 빛나고 있었다. 때마침 파랑새가 아직 꽃나무를 떠나지 않으니, 마치 계속 울면서 자신을 부르는 것 같았다. 점점 언니의 영혼일 것이라는 생각이 들어

"파랑새야, 파랑새야, 너는 나를 언니가 몸을 던지신 연못으로 데려가려

---

5 보잘것없고 못생긴 열매, 홍련이 자신을 낮추어 이르는 말.

느냐?"

라고 묻자, 파랑새는 응낙하듯이 고개를 끄떡인다.

"자 그럼, 내 너를 따르겠다. 아, 18년을 기거한 이 방도 오늘로 영원히 이별이구나."

하며 집을 둘러보며 터벅터벅 여자의 걸음으로 불안 불안하게 파랑새 뒤를 쫓아갔다. 길은 마을을 지나 산으로 접어들었는데 산은 적적하고 물은 깊었다. 앵두꽃이 피어 있었고 황조가 울었다. 몇 시간을 걸어가자, 파랑새가 멈추어 나아가지 않는다. 길옆을 보니 연못이 있어 검고 깊었다.

"여기가 언니가 임종을 맞이한 곳인가. 나도 어서 뒤를 따라가련다."

하고 치마로 얼굴을 가리고 들어가려고 하였다. 그 때 물속에서 요기妖氣가 피어올랐고 창공에서 소리가 들렸다.

"아아 홍련아, 너는 어찌하여 이곳에 왔느냐. 인간은 한 번 죽으면 다시 살기 어려운 것을. 청춘의 몸을 가지고 너무도 생명을 가볍게 여기지 말거라. 어서 어서 집으로 돌아가려무나."

홍련은 언니의 목소리라고 여기고,

"아, 언니, 왜 나를 버리고 혼자 그 세상에 갔소이까. 우리 자매가 한 날 한 시에 태어난 것은 아니지만 동시에 가자고 기원했거늘. 나도 이 세상에 있을 몸이 아니요. 빨리 언니가 있는 곳으로 가겠소."

라고 말하자, 공중에서 우는 목소리가 들리고 연못의 요기가 연신 흔들렸다. 홍련은 울며 하늘을 향해 언니의 오명을 씻어 주길 기도하고, 치마로 얼굴을 가리고 결연히 깊은 곳으로 들어가니, 이내 몸은 완전히 잠겼고 연못은 음침하고 조용해졌다.

두 여자가 빠진 후에는 영혼이 구천에 달하여 귀신이 되었다. 그 연못

속에서 매일 밤 억울함을 호소하는 곡소리가 들려와, 결국에는 사람들의 왕래도 끊겨 버렸다. 또 한밤중에 원귀冤鬼가 군수의 꿈에 나와 소스라치게 하니, 군수가 모두 놀라 죽었다. 서너 번을 다른 사람으로 임명해도 결국에 부임하는 자가 없어, 군수의 자리는 비게 되었다. 사태가 이러하니 국왕도 점차 심하게 우려를 하게 되었다. 그때에 전동호全東浩라는 인물이 있었는데 강직하고 고명한 자라 자천自薦하여 철산군수가 되기를 청하니, 국왕은 즉시 허가하고 부임 시에는 더욱더 상세하게 주의를 주었다.

동호는 등임登任을 하자마자 군리郡吏를 불러

"전임의 여러 군수가 귀鬼로 인해 해사駭死했다고 들었는데 과연 그러한가?"

라고 물으니,

"실제로 그러한 일들이 계속 있어서 지금은 군정도 황폐해지고 말았습니다."

라고 대답하였다. 동호는 다 듣고서는

"그러한가, 오늘 밤은 군의 관리들 모두 불을 끄지 말고 조용히 앉아서 철야를 하거라. 나도 자지 않고 밤을 새련다."

하고 객청에 등불을 밝히고 조용히 앉아서 주역을 읽었다. 밤 삼경三更6에 이르러 녹의홍상綠衣紅裳의 한 미인이 나타나 예의를 갖추어 걸어와, 동호의 앞에 엎드려 움직이지 않았다. 동호는 조용히

"너는 무슨 연유로 깊은 밤 군청에 들어왔느냐?"

라고 물었다. 이 미인은 얼굴을 들고, 눈물을 주룩주룩 창백한 뺨에 떨어뜨리며,

---

6 하룻밤을 오경五更으로 나눈 셋째 부분. 밤 열한 시에서 새벽 한 시 사이.

"저는 군읍 양반 배무용의 둘째 여식 홍련입니다, 어머님은 제가 네 살 되는 해에 요절하셨는데, 저의 언니 장화가 여섯 살 때의 일입니다. 아버님도 가정의 불편을 견디기 어려우시어 처로 허 씨를 들이시니 처음에는 성심으로 우리 자매를 길러 주셨지만, 이윽고 그 몸으로 장쇠를 비롯하여 그 밑으로 삼남을 출산하게 되자 점점 사악해져 우리를 학대하고, 끝내는 언니가 이팔청춘의 혼기를 놓치게 하고 저도 성장하여 16세가 되었습니다. 어느 날, 계모는 쥐의 가죽을 벗겨 그것을 두고 낙태한 태아라고 거짓을 고하고, 아버님을 속이고 결국에는 언니에게 오명을 씌워 그 연못에 빠져 죽도록 했습니다. 저도 이 사실을 알아내고 도저히 오래 살지 못할 것을 깨닫고 똑같이 그 연못에 몸을 던져 세상을 하직했습니다. 원래 저희 아버님은 심약하고 또 집안도 빈곤한 터에, 계모는 부유한 집의 여식으로 하인과 하녀 열 명과 쌀 천 석을 가지고 시집왔습니다. 그리하여 아버님은 항상 계모에게 눌려 지냈고, 또 계모는 저희들을 시집보내면 이 집의 재산을 나누어 주지 않으면 안 되니, 귀한 아들에게 물려줄 재산을 축낼 수 없다 하여 결국엔 해치고자 하는 마음을 품은 것입니다. 천제께서 저희들의 억울함을 불쌍히 여기시어 귀신이 되어 그것을 호소하도록 허락하여 주신바, 그것을 군수에게 호소하여 언니의 원한을 풀려고 생각했습니다. 하지만 전임 군수들이 모두 겁이 많아 결국에는 저의 뜻을 전하지 못했습니다. 지금 다행히도 현명하고 믿음직한 분이 오시어 만나 뵙게 되었습니다. 바라옵건대 속히 하늘을 대신하여 언니의 오명을 씻어 주시옵소서."
하며 한마디 한마디 애절하게 말을 맺고는 감쪽같이 사라져 버렸다.

다음날 아침, 전동흐는 서기를 불러

"군읍에 배무용이라는 양반이 있느냐? 가족은 몇이고 자식은 남자인지 여자인지 자세하게 고하라."

라고 하자, 서기는 아는 사실을 전부 고했다.

"그 두 여식의 영혼이 아직 그 연못에 잠겨 있어 매일 밤 억울함을 호소하는 소리가 연못 속에서 들려, 밤에는 그곳을 지나가는 자도 없습니다."

라고 말했다. 즉시 동호는 사령司令에게 명하여 배무용과 그의 처 허 씨, 장남 장쇠 등 그 동생 둘을 소환하게 하였다. 이에 법청法廳을 열고, 우선 배무용을 향하여,

"너의 두 여식은 비명횡사하였다고 들었다. 그 연유는 무엇이며 누구 때문에 죽었는지 자세히 고하라."

라고 하니, 무용은 초췌한 얼굴로 눈물을 마구 흘리며

"저의 부덕이 그 두 여식을 비명횡사하게 하였으니, 그 이유는 자세히 알지 못하옵니다."라고 대답하였다. 그때, 허 씨가 스스로 앞으로 나와 입담 좋은 솜씨로

"군수는 새로 오시어 세간의 이야기만 들으시고 오해하고 계신 듯합니다. 장화는 16세가 되어서도 아직 혼인을 하지 못한 것을 참지 못하고 불의를 행하여 낙태의 극악한 죄를 저질렀으나, 저희 부부만이 그 사실을 알고 가문의 명예를 생각하고 아이를 사랑하여 세간에는 알려지지 않도록 하자고 한 사이에, 자신이 부끄러웠는지 집을 뛰쳐나가 어딘가에서 죽었다고 합니다. 동생도 언니를 따라서 부정의 흉행兇行을 저질러, 어느 날 밤 집을 나가서 돌아오지 않으니, 생사가 아직 분명하지 않습니다."

라고 했다. 그 때에 군수가

"그러하면 그 낙태한 것은 정말로 태아였는가? 무슨 증거가 있는가?"

라고 추궁하였다. 허 씨는 태연하고 침착하게

"참으로 저도 친자식이 아니니 후일 어떤 의심이 생길지 모른다고 생각해, 낙태한 태아는 은밀히 보관하여 오늘도 가지고 왔는데 바로 이것입니다."

라고 말하고 품속에서 꺼냈다. 그것을 자세히 보자 정말로 이삼 개월 지난 태아인 것 같았다. 군수도 잠자코 곰곰이 생각했지만 좀처럼 판단을 내릴 수가 없었다.

"내 다시 자세하게 사건에 대해서 생각할 터이니 오늘은 이대로 돌아가서 다시 소환할 때까지 기다리거라."

하고 퇴청시키고 방에 돌아가 생각에 잠겼다. 그날 밤 다시 전날의 미인이 나타나 원망스러운 얼굴로,

"군수님에게 부탁하여도 소용없군요. 계모의 죄는 천지 귀신도 모두 알고 있는 것을. 어찌하여 태아라고 하는 것의 속을 갈라보지 않으셨습니까? 또한 저의 아버님은 진실로 마음이 착해 아무것도 알지 못하오니, 절대로 그 죄를 묻지 마십시오. 그 장쇠는 계모의 악행을 거든 자이니 법대로 처리해 주십시오."

라고 말하고 두 번 절하고는 다시 사라졌다. 군수는 더욱더 신령스럽고 경이함을 느끼고, 다음 날 다시 법정을 열어 무용부부, 장쇠 형제를 소환하여 엄숙하게 말했다.

"어제의 태아를 지금 다시 한 번 볼 터이니 꺼내어라."

하고 옆에 있던 사령司令에게 명하기를

"그 속에 무엇인가 있을 것이다. 갈라 보거라."

하였다. 갈라보니, 쥐똥이 장에 가득 들어 있었다. 이에 군수는 눈을 부라리며 날카롭게 쏘아보고

"너는 간교하고 간사한 지혜를 가진 독부毒婦로구나. 이와 같이 분명한 증거가 있으니 변명의 여지도 없을 것이다. 참으로 너의 의붓딸들을 억울하게 있지도 않은 오명을 씌워 비명횡사하게 하였다. 조사해 보니 태아라고 하는 것은 쥐의 가죽을 벗겨 만든 것이 틀림없도다. 아직도 자백하지 못하겠느냐? 한번 혼나 봐야 알겠느냐?'

하고 큰소리로 힐책하였다. 아버지인 무용은 벌벌 떨며,

"저도 세상 사람들이 이야기하는 것들 듣고 모르는 바는 아니었습니다만, 오늘 눈앞의 증거를 보고 새삼스럽게 소인이 얼마나 사려가 부족했는지를 부끄럽게 생각하지 않을 수 없습니다. 남편으로서 부인의 악행을 막지 못하고, 이토록 극악에 이르도록 한 것에 대한 죄는 진실로 피할 길 없습니다. 원컨대 저도 이 부인과 같이 처형하여 빨리 두 여식이 있는 곳으로 가서 용서를 빌게 하소서."

라고 깨끗이 죄를 시인하였다. 하지만 부인 허 씨는 공포에 떨면서도 다시 변명하기를,

"제가 장화를 죽도록 한 것은 그녀의 마음이 너무나도 거만하여 저를 어미로도 여기지 않았기 때문입니다. 장화가 20세였을 때의 어느 날, 은밀히 홍련과의 밀담을 듣게 되었습니다. 저의 험담을 하는데 그것은 말로 다 할 수 없을 정도였습니다. 이 같은 불순한 딸들을 그 집에 계속 살게 두었다가는 나중에 어떤 일을 꾸밀지도 모른다고 여겨, 저의 신상의 위험을 느끼고 결국 불쌍하기는 하지만 꽃도 피지 않은 봉오리를 꺾었던 것입니다. 하지만 저는 처음부터 극형을 각오하고 있었습니다. 장남 장쇠는 그 성질이 우둔하여 악의가 없습니다. 단지 저의 명령에 따라서 움직인 것뿐이고, 이것도 천벌인지 모르겠지만 그 태생이 불구자이니, 원컨대 용

194

서하여 죄를 묻지 말아주소서."

하며 극악한 부인도 자식에게는 약하여 애원하였다. 장쇠와 그 두 형제는 부모가 극형에 처해지는 것을 보고, 모두 눈물을 흘리며 대신 벌을 받겠다고 원을 올렸다. 그 원을 다 들은 군수가 말하기를

"이 지경에 이르러서도 여전히 강변하는 것은 독부의 본성이 잘 들어났다고 할 수 있다. 하지만 너의 죄악은 고래로 미증유의 극악무도한 죄이니라. 나 홀로 재판하기가 버겁도다. 순찰사巡察使에게 상신上申하여 그 결재를 받아서 후일에 선고하리라. 너희들은 저들을 옥에 가두어라."

라고 명하였고, 그날의 재판은 끝이 났다.

철산군수의 상신上申을 받은 평안도 순찰사도 너무나도 극악무도한 죄인지라 놀라서, 철산군수의 의견도 첨부하여 국왕에게 친재親裁를 청하였다. 국왕과 대신도 고래로 들어 본적도 없는 큰 죄였던지라,

"백성에게 본보기를 보이기 위해 허 씨를 묶어 지역을 돌아 모두에 알리고 책형磔刑에 처하라. 장쇠는 교수형에 처하라. 배무용은 꾸짖어 금후에 다시 과오를 범하지 않도록 하고 방면하라. 벌 받아 마땅한 자이지만 하늘에 있는 영혼의 소원이니 특별히 용서하는 것이다. 다른 두 형제는 이 사건과 관계없다. 장화 홍련을 위해서는 설원雪冤의 의식을 행하여 비석을 세워 길이 전하도록 하라."

라고 판결하였다. 위로부터의 결정이 드디어 군수에게 전달되자 군수는 황송해하며 법대로 처리하였다. 한편 그 연못을 뒤져 두 여식의 시체를 건져 올려 보니, 얼굴빛이 살아있는 것과 같고, 의상도 단정하여 진실로 양가의 숙녀였다. 군수를 포함해 보는 사람들은 감탄하지 않을 수 없었다. 정성 들여 그녀들을 관에 넣어 명산에 묻고 3척尺의 비석을 세워, 여기에

해동유명조선국평안도철산군배무용여자장화여홍련불망비海東有名朝鮮國平安道鐵山郡裵無用女子長花與紅蓮不忘碑라고 새겼다. 비석을 세운 날 밤, 두 여인이 다시 와서 군수에게 깊이 감사하고,

"머지않아 관위가 승진되실 것입니다. 이것은 약소하지만 저희들의 사은謝恩이라 여겨주십시오."

라고 했다. 과연 전동호는 얼마 뒤에 통제사統制使로 진급하였다.

26. 재생연再生緣

　　옛날 옛날에 경상도 안동군安東郡의 양반 이상곤李相坤의 외아들인 선근善
根이라는 풍류 귀공자가 있었다. 용모가 수수하여 아름다운 나무(玉樹)가
밝은 달(皎月)을 대하는 것과 같았고, 시문의 재능(才藻)도 상여相如[1] 양웅
揚雄[2]의 유파를 짐작하게 했다. 그 나이가 벌써 청춘 16세가 되어 이제 사춘
기에 접어들자 공연스레 호기심도 생기고, 참으로 소소저蘇小姐[3]와 같은
상대가 있으면 좋겠다고 생각하지 않는 것도 아니었다. 하지만 가풍이 매
우 엄격하니 아직도 절화반류折花攀柳[4]의 맛도 알지 못했다. 밤낮으로 책

---

1 중국 전한前漢의 문인 (?~118. B.C). 자는 장경長卿. 경제景帝 때 벼슬에서 물러나 후량後梁
　에 가서『자허지부』를 지어 이름을 떨침. 그의 사부辭賦는 화려한 것으로 유명하며, 후육조
　後六朝의 문인들이 이것을 많이 모방했음.
2 중국 전한의 학자·문인(B.C. 53~A.D. 18). 자는 자운子雲. 성제成帝 때에 궁정 문인이 되어
　성제의 사치를 풍자한 문장을 남겼다. 후에 왕망王莽 정권을 찬미하는 글을 써 비난을
　받기도 하였다. 작품에「감천부甘泉賦」,「하동부河東賦」, 저서에『법언法言』,『태현太玄』
　등이 있음.
3 작자·창작연대 미상의 고소설,『장학사전張學士傳』의 여주인공. 명나라에 장상서의 아들
　혜랑이라는 자가 있었는데, 고향인 절강성에 공부하러 갔다가 소소저와 가약을 맺은 후,
　과거에 장원급제를 하였다. 그런데 황제의 외손녀 후주와 어쩔 수 없는 혼인을 또 하게
　된다. 심성이 악한 후주는 소부인에게 누명을 씌워 학대하나 곧 그 시실이 밝혀져 일가가
　화목하게 되었다는 내용임.
4 꽃을 꺾고 버들가지를 휘어잡는다는 뜻으로, 화류계에서 노는 것을 이르는 말.

더미에서 정좌하며 학문 닦기를 게을리 하지 않고, 머지않아 과거에 응시하여 가문을 일으키겠다고 다짐했다.

어느 날, 공부에 지쳐 책상에 기대어 잠시 졸고 있을 때에 비몽사몽 중에 절세의 천녀가 구름옷을 펄럭이며 나타나 다가오더니, 빙그레 웃으며,

"저는 상계上界의 천녀天女이옵니다만, 옥황상제께서 맺어 주신 기연奇緣으로 낭군의 부인이 되어 모시게 될 몸이옵니다. 하지만 아직 천기天機가 이르지 못하여 몇 해인가를 기다려야 합니다. 낭군도 이리 아시고 밤낮으로 몸을 굳건히 지키소서. 결코 원수인 여인에게 마음이 움직여서는 아니 되옵니다."

라고 뺨에 홍조를 띠고 '그러면 소첩은 이제 물러가겠습니다.' 하고 머리 숙여 예를 표하고 황홀해하는 그를 뒤돌아보면서 어느덧 구름 속으로 멀리 올라가 사라져 버렸다.

그가 놀라서 깨어 보니 이것이 현실인 듯하면서도 현실이 아닌 듯하니, 꿈같으면서 꿈이 아닌 듯하였다. 눈을 감으면 눈앞에 아름다운 모습이 나타났고, 조용히 들어 보면 귓전에는 아름다운 목소리가 들려왔다. 일어서 창문을 열면 날은 여전히 한낮이고 향기로운 풀 위로 날아다니는 나비와 벌이 한가로웠다. 이때부터 수재는 사모의 정에 가슴이 먹먹하여, 낮에는 정신이 구름 속에 날아다니고, 밤에는 뒤숭숭한 꿈을 꾸었다. 점차 모습이 야위고 파리하여 정기도 또한 쇠하게 되었다. 연모의 정에 눈물을 하염없이 흘리며 소리 높여 청천靑天을 올려다보며 천녀를 불렀다.

어느 날 다시 그 천녀가 나타났다.

"낭군, 저 때문에 밤낮으로 고통스러워하시는 것이 천상에도 전해져 저도 같은 마음에 견딜 수 없습니다. 하지만 천분天分이 다하지 않아 옥황상제

께서는 제가 하계로 내려가는 것을 허락하시지 않습니다. 실로 복숭아와 밤을 심고서도 열매를 얻기 위해서는 3년을 참아야 하는 법이옵니다. 우리의 연도 아직은 몇 해를 기다리지 않으면 안 됩니다. 생각하지 마시라는 말은 아닙니다만, 그 생각으로 인해 몸을 상하게 하지 마십시오. 그렇지만 잊어버리신다면 슬플 것입니다. 이것은 저의 모습을 천상의 화공에게 부탁하여 그린 것입니다. 저라고 여기시어 미간楣間[5]에 걸어 두고 바라보십시오. 또 이것은 금으로 만든 동자童子입니다. 낭군의 붓을 걸어 놓는 기구(筆架)로 책상에 두시고 소첩의 마음을 헤아려 주십시오."

두 가지 물건을 받은 수재는 눈물을 흘리며 그녀의 손을 잡고

"천인은 어찌 된 연유로 이처럼 견딜 수 있단 말인가! 이 세상의 일 년은 천국의 하루가 된다고 하는 것 때문인가. 복숭아와 밤이 열매를 맺지 않더라도 나는 아무 상관이 없소. 당신과 일 년이나 만나지 못한다면 나는 이 세상에 오래 살 필요도 없다고 생각하오. 당신에게도 정이 있다면 이대로 이 세상에 머물러 주시오."

라고 하며 보내 주려고 하지 않자, 천녀도 정에 이끌리기는 하지만 역시 뿌리치며

"천분이 다하지 않으면 어쩔 도리가 없습니다. 낭군의 집의 하인 중에 매월이라는 시녀는 그 자태가 매우 아름답고 마음씀씀이도 현명합니다. 저와 만나기 전까지는 위안으로 그녀를 가까이 하십시오."

라고 말하고 다시 구름 위로 올라갔다.

수재는 눈물을 흘리며 눈을 뜨자 꿈속의 그 두 물건은 틀림없이 책상

---

5 미楣는 상인방上引枋을 말함. 창, 출입구 등 개구開口 상부 위를 건너질러 위로부터의 하중을 지탱하는 짧은 수평재水平材.

위에 놓여 있었다. 족자를 펼쳐 보니 실로 명인의 작품인지, 천녀가 바로 그곳에 서 있는 것처럼 여겨졌다. 그것을 미간楣間에 걸어 두고 바라보면 모습은 같지만 연모의 정을 채울 리 만무했다. 그림의 떡을 주고서는 허기를 달래라고 하는 천녀의 굳건한 다짐이 더욱더 느껴졌다. 그는 천녀가 일러준 대로 이것을 바라보며 지내며, 금동金童을 책상 위에 두고 매월을 가까이하며 우울하게 하루하루를 보내고 있었다. 얼마 지나지 않아 집안사람이 그 초상화와 금동을 발견하고는 내력을 듣고 놀라, 그것을 입에서 입으로 전하니, 근처 이웃 사람들도 이 씨는 전대미문의 보물을 하늘로부터 받았다고 너도 나도 구경하러 오니, 그중에는 선물을 가져와서 보여 달라고도 하는 자도 있어 이 씨는 생각지도 못한 이득을 보았다.

하지만 수재는 상사병이 더욱 심해져, 이제는 부모의 눈에 띄어 이렇게 쇠약해져서는 오래 살지 못할 것이라고 심려를 하게 할 정도가 되었다. 또 어느 날 밤, 꿈에 천녀가 나타나,

"그림을 보시는 것만으로는 연모의 정을 다스릴 수가 없으십니까? 그렇게 하지 않아도 좋았을 텐데, 제가 천연天緣이 다하기만을 기다렸기 때문에 낭군에게 이러한 슬픔을 안겨드렸습니다. 저도 이제 결심했습니다. 머지않아 당신을 뵈러 올 것입니다. 하지만 이곳은 속지俗地이므로 내려오기가 어렵습니다. 저는 옥련동玉蓮洞에서 당신을 기다리겠습니다."

라고 말하고 다시 하늘로 올라 사라졌다. 수재는 어두운 밤 등불을 얻은 듯 여기고, 부모가 계신 곳에 가서

"제가 근래 원기가 좋지 않아, 매일 심적으로 고통스럽습니다. 사람들이 고요한 산수山水의 경치6와 친해지면 우울한 마음이 풀어진다고 하였으니,

---

6 원문은 '연하煙霞'로 되어 있음. 안개와 노을을 아울러 이르는 말. 고요한 산수의 경치를 비유적으로 이르는 말.

오늘부터 몇 개월간 쉴 수 있도록 여행을 떠나게 해 주십시오."

라고 청했다. 부모도 연약한 자신의 아들이 여행한다는 데에 걱정이 앞서, 조금 더 병을 다스리고 출발하도록 말렸지만 듣지 않으니 '그렇다면' 하고 종자 한 사람을 붙여 길을 떠나게 하였다. 옥련동이라고만 듣고서, 어느 도의 어느 군인지도 알지 못했기에, 정처 없이 발 닿는 곳의 명산승경名山勝景을 찾아 이곳인가 저곳인가 하고 차례로 돌았지만 결국 옥련동을 찾을 수는 없었다. 하지만 장소가 바뀌니 기분도 바뀌어 울적한 마음이 점차 좋아져 건강을 회복하게 되었다. 노자도 넉넉하여 계속 동서남북을 돌아다녔다.

어느 날 풍광風光이 더없이 아름다운 산속에 찾아들어 갔다. '아아, 이 세상에도 이러한 경치가 있는 곳이 있는가.' 하고 음미하며, 계속 한 길로 깊숙이 따라 올라가 보니 산을 따라 흐르는 계류溪流 위에 한 채의 풍류 누각이 우뚝 서 있었고, 그 비석에는 옥련동이라 쓰여 있었다. 수재는 손뼉을 치고 기뻐하며 여기로구나, 참으로 나의 천녀가 살고 있는 곳이로구나 하며 서둘러 누각 안으로 들어가자, 풍령風鈴이 조용히 울렸고 푸른 발(靑簾)이 가볍게 움직였다. 안에는 사람이 있는 듯 금琴 소리가 아름답게 울려 퍼졌다. 안내를 청하자 발을 올리고 절세의 미인이 얼굴을 드러냈다. 그 얼굴을 바라보자 꿈속에조차 잊지 못한 그 사람을 방불케 했다. '이 사람이구나.' 하며 더욱 안으로 들어가려고 하자 미인은 크게 성을 내며 말했다.

"여기는 선경仙境입니다. 어디에서 왔는지도 모르는 속사俗士가 함부로 침범해 들어오십니까? 어서 돌아가 주십시오."

수재는 예상과는 달라,

"저는 연이 있어서 온 것이오. 어찌 이리 박정하게 대하시는 것이오?"

하며 돌아가려고 하지 않았다. 하지만 미인은 더욱더 강한 어조로 "어서 돌아가 주십시오, 들어오지 마십시오." 하고 저지하니, 수재도 도리 없이 초연히 머슴 한 명을 데리고서 원래 온 길로 되돌아가려고 하자, 그 미인은 무슨 생각인지 갑자기 웃음을 터트리며

"아, 낭군님. 돌아가지 마소서, 당신이 오기만을 기다리고 있었습니다. 들어오십시오."

하고 다시 불러들였다. 그리고 활짝 웃으면서,

"아무리 낭군과 인연이 깊다고 해도 처음부터 허락할 수가 없으니, 한 번은 거절하는 것이 여자의 도리가 아니겠습니까!"

라며 부랴부랴 발을 씻기게 하고 손을 잡아 안으로 들여 자신의 방으로 안내했다. 참으로 세간 도구들이 아름다워 놀라지 않을 수 없었다. 더구나 그녀의 얼굴은 얼마나 아름다운지!

꿈에서가 아니라 지금 실제로 가까이서 바라보니, 마치 가을철의 맑은 물(秋水)에서 핀 옥련玉蓮과 닮았다. 그러므로 일반적인 세간의 여자들은 그녀를 보고 나면 여자라고 할 수도 없다. 두 사람은 마음을 터놓고 흡족할 때까지 마음껏 이야기를 나누고, 술상과 안주를 준비하여 때마침 밝게 빛나는 달빛 속에서 그녀가 금琴을 뜯으니 솔바람(松籟)과 시냇물 소리(溪聲)와 어우러져 수재의 혼은 하늘 끝까지 날아올랐다. 하지만 그녀는 크게 웃으면서

"당신이 거절하기 어려운 부탁을 해서 잠시 이곳에 내려와 있지만, 아직 천연天緣이 다하지 않아, 부부의 연은 허락받지 못합니다. 이것을 범하면 천벌을 면하지 못하니, 이렇게 당신과 저는 부부도 아니고, 형제도 아니고, 친구도 아닌 채로 즐겁게 몇 개월을 보내려고 합니다. 당신도 이를 이해해 주십시오."

라고 말했다. 수재는 다시 마음이 진정이 안 되었고, 이윽고 술로 인해 두 사람의 볼이 붉게 물들었을 때, 남자의 강한 마음은 여자를 무너뜨리고, 하늘이 정해준 시기(天時)가 도달하지 않았음에도 불구하고 사람의 힘으로 도달케 하였다.

수려한 옥련동에서 옥련과 같은 부인과 살고 있던 수재에게는 곤란할 정도로 세월이 유수같이 흘렀다. 이제는 집을 나온 지 수개월이나 지났으니, '부모님이 나 때문에 얼마나 걱정하고 계실까.' 하여, 어느 날 여자와 의논하여 탈 것을 준비하여 자신의 집으로 향했다. 부모는 외동아들 수재가 도통 몇 개월 동안 소식이 없자 매일 근심을 하고 있었는데 갑자기 절세의 미녀를 동반하고 돌아왔으니, 죽었던 아들이 살아 돌아온 것처럼 크게 기뻐하였다. 이제까지의 자초지종을 듣고서는, 원하는 바대로 부부의 인연을 맺어 주고, 별도로 집 한 채를 저택 안에 지어 신랑, 신부가 살게 하였다.

여자는 천인天人이지만 여러 방면에 재능이 뛰어나 이 세상의 주부가 하는 일을 못하는 것이 없었다. 그러자 부모도 더할 나위 없이 기뻐하며 '며늘아기야, 며늘아기야.' 하며 사랑하였다. 하물며 수재는 양귀비를 얻은 현종은 아니지만, 그녀와 같이 있지 않으면 이 세상의 무엇도 즐겁지 않았으니, 밤낮으로 그녀를 대동하고 같이 웃고, 같이 즐거워하였다. 마을사람은 '원앙새 같네.'라며 험담도 하였다.

세월이 흐르고 흘러, 어느덧 그녀는 일남일녀를 두고, 금슬 좋게, 수재는 나비가 되고 그녀는 꽃이 되어 잠깐이라도 떨어지지 않고 지내는 사이, 가문을 일으켜 세우겠다는 염원도 잊어버리고 있었는데, 머지않아 과거가 있다는 소식이 들려왔다. 아버지는 그를 불러

"너도 이제 나이도 찼으니, 이번 과거에 응시하여 등용문의 길을 열도록 하라."

라고 하니 그는 전혀 내키지 않아,

"무엇인가 부족하기 때문에 여행도 하고 공부를 하여 과거에도 응하는 것입니다. 저 같이 소원을 이미 다 이룬 자가 무엇 때문에 고생길로 가려고 하겠습니까?"

라고 하니 아버지도 심히 난색을 표했다. 그날 밤 그는 부인에게 오늘의 이야기를 하자, 부인은 단연히 자세를 바르게 하고

"그것은 저의 남편이 하실 말이 아닙니다. 모름지기 남자로 태어난 이상 용문에 올라서 고관이 되고, 가문의 이름을 빛내고 가풍을 드높이는 것이 도리라고 합니다. 집에 마음을 뺏겨 이대로 시골에 묻혀 지내시고자 하는 것은, 남자 중의 남자로 항상 자랑스러워하는 저의 낭군에게 어울리지 않는 일입니다. 마음을 다잡으시고 내일 어서 도읍에 올라가시어 멋지게 과거에 급제하소서. 만약 이번에 낙제하신다고 하면, 저는 다시는 당신을 보려고도 하지 않겠습니다."

하며 단호하게 간자, 그는 힘없이 '그렇다면.' 하고서 여행 채비를 하고 하인 한 명을 데리고 나귀에 올라 도읍으로 향했다.

그렇지만 수년간 잠시도 떨어지지 않았던 부인과 몇 개월이나 떨어져 있을 것을 생각하니 눈물이 흘러 말고삐를 적시고, 한 발짝 나아가서는 멈추고 두 발짝 나아가서는 뒤돌아보고, 결국에는 참지 못하고 4리를 가서는 나귀에서 내려 숙박을 하게 되었다. 차가운 객사는 더욱더 적적함을 더하게 해서 견딜 수가 없었다. 몰래 나귀를 끌어내어 채찍을 가해 집으로 돌아와 담을 넘어서 부인 방으로 몰래 숨어들어 갔다. 부인은 놀라서 물리

204

치지만 힘이 약하여 '오늘 밤만입니다. 내일부터는 서둘러서 도읍으로 올라 가십시오.'라고 단연히 간하였다. 다음 날 아침 먼동이 틀 무렵 은밀하게 원래의 객사로 돌아와, 겨우 처음으로 눈을 붙이고, 날이 밝아 해가 이미 높이 떴을 때 일어나서는 유유하게 아침을 먹고 어제와 같이 느릿느릿 나아가니 2리를 가서는 해가 졌다. 그날 밤도 또 나귀에 채찍질하여 와서는 부인을 놀라게 하고 다음 날도 또 이렇게 밤마다 연속 세 번 부인을 찾아갔고, 과연 길이 멀어지자 나흘째부터는 마음을 굳건히 하고서 서둘러 도읍에 도착했다.

과거가 열리는 도읍의 대로의 모습이야말로 번화하기 비할 데 없었다. 각 도道에서 상경한 수만 명의 수재들이 견마곡격肩摩縠擊[7] 하니 아, 이 중 누가 과연 용문에 올라서 승천할 것인가! 그런데 이선근은 원래 현명한 수재여서 나야말로 반드시 장원을 차지할 것이라 분발하여 열심히 문제를 풀었다. 그의 응제應製[8]의 문장은 운금상雲錦裳[9]의 오색을 띠고, 수만 명의 수재가 얼굴을 못 들게 만드니, 이에 경사스럽게도 장원급제하여 도읍과 지방의 모든 사람들이 그를 칭송했다. 또 급제하면 이런저런 의식도 있고 임관의 명을 기다려야 했기에 마음은 항상 고향의 부인에게 가 있었지만 하루하루 보내는 중에 결국 수개월이나 도읍에 머물게 되었다.

이선근李善根이 집에서 도읍으로 떠난 그날 밤, 늙은 아버지는 역시 가장家長인 만큼 아들이 없는 집이 걱정되어 방문하여 살펴보니, 며늘아기가 무엇인지 어떤 남자와 소곤소곤 이야기하고 있음을 발견하고 매우 의심스

---

7 사람의 어깨와 어깨가 스치고 수레의 바퀴통이 서로 닿는다는 뜻으로, 교통이 매우 혼잡함을 이르는 말.
8 임금의 특명에 의한 임시 과거. 임금의 명령에 응하여 시문을 지음.
9 아름다운 옷. 전轉하여, 화려한 문장.

러워, 정조貞操가 연꽃과 같은 며느리가 누구를 불러들여 이야기를 하고 있을까? 하며 발을 멈추었지만, 무턱대고 문을 열고 볼 수는 없어 그대로 돌아갔다. 그 다음날 밤도 다다음 날 밤에도 순시를 나가 살펴보니 남자의 목소리가 들려왔으니 의심은 점점 커져만 갔다.

한편 그 수재의 시녀로 매월이란 여자는 처음에는 천녀天女의 중개로 수재가 가까이 하여 '더없이 행복하다.'라고 기뻐하며 원컨대 평생 첩의 신분일지라도 이 낭군을 따르겠다고 생각했다. 하지만 얼마 후 수재는 천녀를 데리고 와서는 본부인으로 삼고, 자신은 순식간에 가을날 부채처럼 버려져서, 그 후로는 매월을 찾는 부름도 없고 눈앞에서 원앙보다 더한 부부애를 볼 수밖에 없으니, 마음속이 새까맣게 탈 뿐이었다. 그렇지만 원래부터 신분 차도 크고 하니 꾹 참고서 웃어넘겨 왔지만, 수재가 과거를 보러 도읍으로 떠났으면서도, 3일 밤 연속 몇 리나 되는 먼 길을 되돌아와 짧은 시간의 만남을 기뻐하는 것을 보자 너무하다 싶어 질투심이 솟구쳤다. 결국에는 한 가지 계략을 짜내어 다음 날 마을의 불량배 한 사람에게 많은 돈을 주며 부탁하여, 밤에 젊은 부인의 방 앞의 층계 아래에서 웅크려 앉아 있게 하였다. 그리고 늙은 아버지에게 거짓으로

"요즘 매일 밤 작은 마님의 방에 남자가 몰래 들어오는 것을 보았습니다. 오늘 밤도 분명히 그와 같은 자가 작은 마님의 방 층계 밑에 있습니다." 라고 고했다. 늙은 아버지는 '자' 하고 몽둥이를 들고 찾아가서 가까이 가 보니 정말로 그러한 자가 있었다. 네 이놈! 하고 달려가서 내리치려 하자, 젊은이는 나는 새처럼 담을 뛰어 넘어서 도망쳐 사라졌다. 늙은 아버지는 금방 머리끝까지 화가 나 마음이 격해져서

"네 이년, 성씨도 바탕도 모르는 도적 여편네 같으니라고. 결국 청렴한

우리 가문에 먹칠을 했구나."

하며 쿵쿵 방으로 뛰어올라갔다. 그리고 며느리 목덜미의 머리끄덩이를 쥐어 잡고 죽이기라도 하듯이 일어서지 못할 정도로 때리면서, 눈물을 흘리며 매일 밤 모르는 남자를 끌어들여 불의를 행한 도적년이라고 꾸짖었다. 그녀는 '그가 온 것을 모르시겠지.'라고 생각했다. 하지만 구체적으로 자초지종을 설명하면 자신의 남편의 비행非行을 밝히는 것과 같았다. 입을 다물고 맞고 있으니 거의 숨이 넘어갈 지경이었다. 이때 그녀는 꽂고 있던 옥비녀를 뽑아내 맹세하듯 말했다.

"제가 혹시 정말로 불의를 범했다면, 옥비녀가 아래로 떨어져 내 가슴을 찌르고, 만약 결백하다면 아래로 떨어져 돌계단에 꽂혀라."

하고 올려다보며 하늘을 향해 비녀를 던졌더니, 떨어져 내려와 비녀의 머리 부분이 돌계단을 관통하여 박혔다. 그러자 늙은 아버지는 기적에 놀라고 두려워서

"그렇다면 내가 잘못을 했구나. 노인의 급한 성미를 용서해 주려므나!"

하고 자신의 방으로 돌아가니 어머니는 더욱더 며느리를 동정하여

"너의 정조는 온 천지가 알고 있다. 아버지의 오해는 신경 쓰지 말거라."

라며 세심하게 위로하였다. 하지만 며느리는 여자로서 일단 부정의 오명을 받은 이상, 명확한 증거를 보여 주지 않는 한 그대로 살아가기 힘든 법이다. 사랑스러운 남편의 얼굴 한번 보고 싶지만 이것 또한 정해진 운명이겠거니 체념하고 작은 칼을 꺼내어 목을 찌르려고 하자, 옆에서 놀고 있던 9세가 된 장녀가 놀라서

"어머니 위험합니다. 무엇 때문에 그런 것으로 목을 찌르려고 하십니까? 멈추소서."

라고 말하며 손에 매달렸다. 어머니는 맥이 빠져 활짝 웃으며

"참으로 귀여운 너희들이 있었다는 것을 잊었구나. 내일은 어미가 데리고 가까운 산에 꽃구경을 가마. 이 새 옷을 입어 보자."

하고서 갓 바느질한 붉은 옷을 꺼내서 누이와 동생에게 입히고

"벌써 밤도 깊어졌구나. 빨리 자고 내일 아침에 일어나자꾸나."

하고 달래어 자는 것을 들여다보고 마음을 차분히 가라앉히고 목을 찔러 그 혼이 허무하게 하늘로 돌아가 버리고 말았다.

다음 날 자매는 아침에 깨서 어미의 모습에 놀라서 울었다. 이윽고 부모, 하녀와 머슴들까지 달려오고, 특히 늙은 아버지는

"내 경솔한 의심 때문에 정절을 지킨 며느리를 죽인 꼴이 되었구나. 이 일이 도읍에 있는 아들에게 알려진다면 그도 목숨을 끊을 테지. 아들을 잃으면 나의 여생, 무슨 낙이 있을꼬. 크게 잘못했네. 생각이 짧았어!"

하며 하늘을 보고 긴 한숨을 지었다. 어머니는 그 자리에서 쓰러져 울며 삼국제일의 며느리를 비명에 죽게 하였다며 마냥 늙은 아버지를 원망했다. 하지만 이대로 있을 수만은 없고 장례식 준비도 해야 하고 해서, 그 칼을 빼내려고 했지만 굳게 박혀 떨어지지 않았다. 그래서 그대로 시체를 옮기려고 힘을 합쳐 들어 올리려고 하자, 마치 반석이 땅에 뿌리를 내린 것과 같이 꼼짝도 하지 않았다.

"그럼 정녀貞女의 일념이 여기에 머물러 아들이 올 때까지 움직이지 않겠다는 것일까? 무섭고 두려운 일이다."

라며 흘린 피를 깨끗이 닦아 내고 방의 장식까지 깨끗하게 하는 등 온 집안사람들은 신을 모시듯 경외하였다.

도읍에 머물고 있던 수재는 여러 가지로 일이 많아서 예상치 못하게

객사에서 세월을 보내고 있는데, 어느 날 밤 꿈에서 가장 사랑하는 부인의 목에서 핏방울이 뚝뚝 떨어지며 창백한 낯빛으로 베갯머리에 나타나서 이제까지 있었던 일을 상세하게 이야기하고는

"저의 억울함은 아직 시체에 남아 당신을 기다리고 있습니다."
라고 말하고 사라졌다. 수재는 비록 꿈이기는 했지만 깨고 나서도 여전히 심장이 심하게 두근거리고 식은땀에 등이 젖어 마음이 좀처럼 진정이 되지 않았다. 하던 일도 무리해서 정리하고서는 밤낮을 가리지 않고 발길을 서둘러 고향으로 향했다.

아버지는 아들이 장원급제하였다는 통지를 접하고 이보다 더한 가문의 명예가 없다고 지금부터 이 씨 가문이 번창할 것이라며 각각의 친족에게도 이를 알리고, 더없이 기뻐하였다. 하지만 며느리의 일을 생각하면 금세 냉수를 뒤집어 쓴 것과 같았다.

'아들이 분발한 것도 반은 며느리의 권유가 있어서였고, 돌아오는 그도 부인이 얼마나 기뻐하겠는가 하며 힘차게 돌아오고 있는데, 내 잘못으로 죽음으로 몰았다고 알게 되면 틀림없이 실망하고 원망할 것이다. 큰일이로 세. 어찌해야 하는가!'

매일 밤 노부인과 이마를 맞대고 의논하여 결국에는 '이렇게 하면 되겠지.' 하고 한 가지 꾀를 짜냈다. 불을 구하기 위해서는 불을 이용해야 하고 물을 구하기 위해서는 물을 이용해하 하는 법. '부인 때문에 생긴 근심이라면 또한 부인을 이용하여 해결하면 된다.'라며 경상도 안에서 제일의 미인이라고 알려진, 큰 양반의 남모르게 소중하게 길러온 딸에게 혼담을 넣으니 장원급제한 수재로부터의 혼담이라며 흔쾌히 승낙했다. 이것도 늙은 아버지가 궁리한 것으로

"아들이 일단 집에 도착해 부인의 참상과 아이들의 애통을 보아서는 좀 처럼 재혼할 생각이 들 리가 없다. 아들을 집으로 오는 길목에서 붙들어서 '그렇게 해야만 한다.' 하고 달래서 억지로라도 혼인을 결심하게 하여 그곳 에서 바로 예식을 올리자. 그러면 신부도 경상도 제일의 미인이니, 어찌 마음이 움직이지 않겠는가! 이렇게 해서 길을 가는 동안 며칠 밤 노숙을 거듭하고 집에 돌아오면 슬플 테지만 한편으로 위로와 안락을 찾을 수 있을 것이다."

하며 그 내용을 상세하게 그쪽에도 알리게 하고는 탈것을 아름답게 꾸미고 서, 노부부도 부자라서 몇 명이나 되는 종자들을 이끌고 직접 따라갔는데 아들의 출발 시기를 문의하여 그를 도중에서 기다려 맞이했다.

수재는 그 악몽 이래로, 식욕을 잃고 좋은 경치도 눈에 들어오지 않고 아름다운 소리도 들리지 않은 채로 말을 달리고 달려 길을 평상시보다 배로 서둘러서 오자, 도중의 한 역참에서 아버지가 나와 맞이하기에, 심히 의아해 했지만 역시 예의 바르게 송구스럽다고 아뢰었다. 아버지는 껄끄러 워하면서 며느리가 비명에 죽은 전말을 알려 주며 이야기하기를

"진실로 내가 경솔하기는 했지만 의심이 생기는 것은 신이 아닌 이상 피할 수 없는 바, 나도 절대 악의가 있어서 그런 것이 아니니라. 너도 이런 저런 고생을 하여 얻게 된 부인이 급사하여 슬플 테지만 여기까지의 연이 라고 체념해 주지 않겠느냐. 그 대신에 나도 너에게 죄를 갚는 의미로, 어느 군의 어느 씨의 여식, 경상도 제일의 미인을 너의 후처로 골라 혼약을 약속하고 너의 승낙을 기다리고 있었다. 나도 한번 그녀를 보았는데, 태액 太液의 부용芙蓉[10]인지, 봄비의 배꽃인지, 천인은 인간이 아니기에 전부인과

210

비교할 수 없지만, 인간 중에 이러한 아름다운 여자는 없다고 생각한다. 더구나 재주가 뛰어나며, 또한 정숙하다고 소문이 자자하느니라. 죽은 사람은 물과 같고, 또한 쫓아갈 수 있는 것이 아니니라. 사랑할 수 없는 사람을 잊는 것은 현자의 도리거늘, 너도 전 부인 때문에 애통해서 상처받지 말거라. 이제 숙녀淑女를 맞이하여 늙은 아비의 마음을 편안하게 해 주지 않겠느냐."

라고 능란한 말로 설득하니, 수재는 가슴이 찢어져 옷매무새를 바로잡고 아버지를 향하여

"부인의 오명은 눈이 녹은 것처럼 씻겨졌다고 하더라도 아직 명확한 증거가 없어 저도 창피함을 무릅쓰고 말씀드려야 하겠습니다."

하고 도읍으로 떠난 밤부터 삼일 밤을 몰래 부인을 찾아간 사실을 밝혔다.

"전적으로 부인의 죽음은 제가 정에 휩쓸려 욕정에 빠지게 된 죄입니다. 저 때문에 의심을 받고 저에 대한 정절 때문에 그녀는 자결했습니다. 그녀의 무덤도 아직 정해지지 않은 지금 오늘, 어찌 저의 귀로 재혼의 이야기를 듣겠습니까! 지금의 제 눈에는 삼천세계의 여자도 보이지 않습니다. 아아 아버님, 어머님과 남은 두 아이만 없었다면, 저는 이대로 부인의 뒤를 쫓아 가고자 할 것을. 아버님도 슬픔으로 판단이 흐려지셨습니까? 평소와 달리 인정人情을 헤아리지 않고 말씀하시니 말입니다. 앞으로 절대로 이 일에 대해 말씀을 삼가해 주시기 바랍니다."

참으려고 해도 참을 수 없는 분노가 그의 말 속에 서려 있었기에, 아버지도 예상과는 달라 이리저리 궁리했지만 갑자기 묘안이 떠오르지 않았다.

---

10 당나라 현종황제의 비인 양귀비의 미모를 비유해서 이르는 말. 당나라 수도 장안의 대명궁 뒤에 있던 태액이라는 연못에 피는 연꽃이라는 뜻.

근처의 집에서 여장을 풀고 있었던 그 새 부인은

"지금이라도 당장 심부름꾼이 빨리 왔으면."

하고 생각했다. 본 적이 없는 사람이지만 이미 들은 소문을 통해 사모하게 된 풍류 귀공자였기에, 기다리는 시간이 천추千秋와 같았다. 옷을 아름답게 입고 거울을 마주하고 연지를 다시 고쳐 붙이고, 묶은 띠를 다시 고쳐 묶으며, 안절부절못하고 괴로워하고 있었다. 수재는 생각지도 못한 아버지의 권유를 듣고 마음에 화가 치밀어 앉아 있을 수가 없어 자신의 방으로 돌아가, 이불을 뒤집어쓰고 드러누웠다. 아버지는 이렇게 가만히 있을 수도 없고 해서, 새 부인의 방에 횡설수설하며 여하튼 달래기를

"생각 외로 그의 슬픔이 깊어서 지금은 별안간 일이 성사되기 어렵소. 여유를 가지고 진행해야 할 터이니, 그쪽도 이대로 고향으로 돌아가서 기다려주지 않겠소?"

라고 전하자, 새 신부는 슬프기도 하고 부끄럽기도 해서 아무 말도 못하고 드러누워서 흑흑 흐느낄 뿐이었다.

다음 날 아침이 되자 이전보다 더 빨리 말을 달려 이윽고 집에 도착하여 안장을 벗기자마자 곧바로 부인의 시체 앞으로 가서 안고서 슬피 울부짖으니, 피눈물을 흘리는 것이 마치 비가 오듯 하였다. 이윽고 일어서서 목에 꽂혀 있는 칼을 빼내려고 하자, 옻칠을 하여 붙인 것처럼 조금도 움직이지 않았다. 의아스럽게 여기며 시체를 들어 올리려고 하자, 대지에 뿌리라도 내린 듯했다. 불쌍하구나. 원귀冤鬼가 여기에 머물러 전혀 죽지 않으려고 한다고 생각되었다.

"그렇다고 해도 노비 매월이 수상하니, 그년을 불러서 심문하겠다."

하고 불러오게 하자, 과연 독부毒婦도 깜짝 놀라 낯빛이 창백하고 행동거지

가 침착하지 못했다. 이것저것 물어 조사하려고 하여도 쉽게 진실을 실토하지 않으니, 호되게 채찍질을 하고 추궁해서 드디어 자백을 받아냈다. 이 여자야말로 우리 부인이 미처 풀지 못한 원한이었다. '네 이년, 못된 도적 독부!' 하고 격노하여 칼로 목을 찔러 죽이고, 그 창자를 꺼내서 시체에 바치며

"이제야말로 원수를 갚고 원한을 씻었소이다. 이제는 미련도 없을 것이오."

라고 고했다.

천녀는 그날 밤 자살했는데, 그 유혼幽魂이 천국에 올라가서 옥황상제를 알현하고 지금까지의 일을 상세하게 아뢰었더니 상제가 깊이 들으시고는

"실로 내가 아직 허락하지 않았는데 하계의 인간의 정에 얽매어 결국에는 부부의 연을 맺었으니 이것이야말로 큰 죄이니라. 이러한 업보는 당연하도다. 하지만 약한 것은 여성의 본성인 법. 죄를 미워하되 그 사람을 미워해서는 안 되니, 이번에는 특별히 용서하마. 다시 혼을 하계로 내려보내 이선근과 백년의 연을 누리도록 하여라."

하고 칙명을 내리셨다.

이선근은 매월의 창자를 시체 앞에 바치고 머리를 조아리고 있자, 시체의 감고 있던 눈이 다시 떠졌으니, 맑고 아름다운 눈동자(明眸)는 옥잔에 달이 머문 듯했다. 창백한 뺨이 다시 홍조를 띠자 마치 붉은 장미와 같았다. 목에 꽂혀 있던 칼이 자연스럽게 빠져 떨어지고 칼로 인한 상처가 한 점도 보이지 않았다. 드디어 빙그레 웃으며

"그리운 나의 닝군님이 돌아오셨습니까! 과거도 훌륭하게 급제하시고 이것이야말로 가문의 큰 명예이옵니다."

하고 정중하게 예를 드렸다.

늘어선 사람들 모두 크게 놀라며 '귀신이 아닌가, 꿈이 아닌가!' 하며 소란을 피웠다. 천녀는 조용히 옥황상제의 칙명에 대해 이야기하니, 이에 순식간에 춘풍이 온 자리에 불어와서 부모님, 남편, 아이는 더할 수 없이 기뻐하였다. 즉시 수재의 장원급제의 축하와 부인의 재생의 축하를 겸하는 큰 잔치를 열어 연일 친족과 지인을 초대했다.

한편 불쌍하게 남은 것은 그 혼약을 한 양반의 딸이었다. 수재의 아버지는 직접 찾아가서 죽었던 천녀가 다시 살아온 취지를 자세하게 설명하고 약속은 없었던 것으로 하고, 어서 다시 좋은 연을 정하기를 권하는바, 부모는 두말 않고 쾌히 받아들였다. 그리고 비 오듯 많고 많은 연담緣談 중 특별히 괜찮다고 생각되는 자를 택하여 딸을 시집보내려고 하였으나 딸은 냉엄하게 거절하며

"이 몸, 양반의 여식으로서 여자의 덕(女德)을 생명처럼 여기는 몸입니다. 설령 아직 연을 맺지는 않았지만, 벌써 내 마음을 허락한 이 수재 외의 남자를 가질 마음은 전혀 없습니다. 그 분과 함께 할 수 없다면 이대로 머리를 자르고 일생 비구니로 살 것입니다."

라고 하니, 항상 온순한 그녀가 부모님의 말조차 따르지 않자 어쩔 수 없이 그 의지대로 혼자 살게 하였다. 하지만 '젊은 처녀가 길게 가지는 않겠지.' 하고 있었는데, 세월은 유수와 같아 벌써 3년이 지났는데도, 지조 지키기를 더욱 견고히 하니 그녀의 평판이 온 마을에 자자했다. 이 일이 자연스럽게 이선근의 부인의 귀에도 들어갔고, 부인의 마음이 움직였다. 여심은 모두 같으니, 어찌 평생을 썩게 할 수 있겠는가 하고, 남편에게 권하여 그녀를 맞이하여 우부인右夫人으로 삼게 하였다. 두 부인은 서로 화합하여 내조를

더욱 주도면밀하게 하였으니, 이 수재의 관위도 점점 높아져, 끝내 대관의 지위에 올랐다. 두 부인의 정절도 포상을 받아, 좌부인에게는 정렬부인貞烈夫人, 우부인에게는 숙렬부인淑烈夫人이라는 호號를 내리셨다고 한다.

완역 조선이야기집과 속담

27. 춘향전春香傳

옛날 옛날에 전라도 남원南原 군수郡守 이 씨의 아들 중에 이몽룡李夢龍이라는 수재가 있었다. 아비를 따라 남원 군읍郡邑에서 살고 있었다. 아비의 옆 방에 기거하면서 가정교사 밑에서 밤낮으로 면학하였는데, 재기가 발랄하여 하나를 들으면 열을 알아, 번번이 교사를 놀라게 하기에 아비도 집의 가풍을 드높일 것이라 생각하고 몽룡에게 희망을 걸고 있었다.

시간은 흘러 몽룡의 나이 16세, 풍채 역시 준수해지고 백옥 같은 미소년이 되었다. 이 해 5월 5일 단오 명절에 머슴을 한 명 데리고 군읍 교외의 작은 언덕에 놀러 가서, 춥지도 덥지도 않게 기분 좋은 초여름의 햇볕을 신록 아래에서 쬐며, 저 멀리 언덕 아래를 내려다보았다. 읍내의 소녀들이 오늘은 경사스러운 날인 만큼 새 옷을 입고, 삼삼오오 모여 숲에서 그네를 매달아 희롱하며 노는 모습이 손에 잡히듯 보인다. 그중에서 특히 돋보여, 마치 줄풀 속의 한 송이 붓꽃[1]과 같이 보이는 사람은 군의 퇴기인 월매月梅

---

1 '5월 장마가 계속 내려 못가의 물이 불었고, 줄 풀도 물속에 숨어 어느 쪽이 붓꽃인지 알 수 없어 뽑기를 꺼려하고 있네(五月雨に沢辺の真薦水越えていづれ菖蒲と引きぞ煩ふ)'란 시에서 비롯된 표현. 『태평기太平記·二一』에 의하면 미나모토노 요리마사源賴政가 괴조怪鳥를 퇴치한 포상으로 아야메菖蒲(붓꽃)란 이름의 미녀를 하사받게 되었을 때, 그녀를 12명의 미인 중에서 골라야 하는 상황에서 부른 노래임.

가 애지중지하는 딸 춘향春香이었다. 나이는 이팔(16세)이나 이구(18세)가 되지 않는 정도로, 그네로 힘껏 높이 왔다 갔다 하는 모양이 아름다운 새가 나뭇가지 사이를 날아다니는 듯하였다. 몽룡은 이 모습에 눈길이 멈추어 청춘의 피가 별안간 끓어올라, 머슴을 뒤돌아보며 천연덕스러운 얼굴로 물어 보았다.

"보거라, 저기 나뭇가지 사이에 힘차게 왔다 갔다 하는 것이 무엇이냐, 금이 아니냐."

머슴은 재치가 넘치는 남자인 듯, 의중을 모르는 척하며,

"낭군께서는 무슨 말씀을 하십니까? 여기가 여수麗水[2]라면 금 조각이 왔다 갔다 할 수도 있겠지요."

라고 대답했다. 몽룡은 다시,

"그렇다면 옥이냐?

하고 물었다. 그러자 그는,

"여기가 곤강崑岡[3]이라면 옥이 있을 수도 있겠지요."[4]

라고 대답했다. 그렇다면 무엇인지 네가 급히 가서 여기로 데리고 오라고 명령하니, 머슴은 빙그레 웃으며,

"그녀는 군읍 제일의 미녀로 고명한, 퇴기 월매의 외동딸 춘향입니다.

---

2 중국 고전의 기록을 보면, 가령 〈한비자韓非子 내저설內儲說〉의 '형남지지荊南之地 여수지중 麗水之中 금생金生(형남땅 여수 안에서 금이 났다.)'라는 구절처럼 형남荊南과 함께 사금沙金 의 명산지로 자주 등장한다. 이곳은 현재 중국 남서부 운남성에 거주하는 소수민족인 여강납서족麗江納西族의 자치현으로 흐르는 북쪽 금사강金沙江을 말한다.
3 곤강崑岡은 예로부터 황하黃河의 발원지라고 하여 성스러운 산으로 숭배된 곤룬산의 딴 이름. 현재 중국 강소성 강도현 서북쪽에 있다. 곤룬산은 서왕모西王母가 사는 산으로 아름 다운 옥이 산출된다는 신화 속의 산이다.
4 이 문답은 천자문에 나오는 '금생려수金生麗水 옥출곤강玉出崑岡(금은 여수에서 나고 옥은 곤강에서 난다)'을 염두해 서술된 것임.

지금 여기로 데리고 오겠습니다."

라고 말하고 언덕을 달려 내려가 주인의 위세를 등에 업고 큰 소리로, '춘향이는 군수의 도련님께서 부르시니 급히 올라오너라.'라고 소리쳤다. 춘향은 그네 놀이에 빠져 있기에, 갑자기 도련님께서 부르신다는 말을 듣고 놀라기도 하였지만 마음이 내키지 않아, 머슴을 향하여 부드러운 목소리로 말했다.

"염마대왕이 나를 부르느냐, 유현덕劉玄德이 남양南陽의 큰 꿈을 깨우느냐.[5] 무슨 일이기에 이리도 급히 부르는 것이오. 그리고 나는 나이가 아직 어려, 어머니 계신 곳에서 지내는 몸인지라, 그 누가 부른다고 한들 혼자서 젊은 남자의 곁에 갈 수는 없소. 집에 돌아가 어머니의 허락을 얻은 뒤에 분부에 따르겠소."

머슴은 껄껄 웃으면서,

"대대로 기생인 너의 집안이 혼자서 남자 곁에 못 가겠다고 하는 것은 집오리 새끼가 물을 무서워한다는 것과 같은 말이다. 이리 오거라, 우리 도련님이 기다리신다."

하며 손을 끌다 시피하면서 억지로 끌고 갔다. 몽룡은 올라오는 춘향을 자세히 들여다보니, 실로 금과 옥으로 본 것도 당연한 것이 마치 봄의 으스름달이 구름 사이로 보이듯, 가을풀이 계곡에 꽃을 피운 듯하였다. 몽룡은 처음으로 마음이 움직인 여자를 대하니 갑자기 말문이 막혔다. 말을 머뭇

---

5 제갈량이 남양땅에 은거하고 있을 무렵 유비가 초당으로 제갈량을 두 번 찾아갔으나 만나지 못하고 세 번째로 찾아갔다. 제갈량은 낮잠을 자고 있었고 유비는 반나절이나 그가 깨기를 기다렸다. 마침내 제갈량이 꿈을 깨고 난 후 시를 읊었다. 초당에서 늘어지게 낮잠을 자고 일어나도 창문 밖에는 아직도 햇살이 남아 있네. 큰 꿈은 누가 먼저 알겠는가? 내 평생의 꿈은 이미 내가 다 알고 있는 것을!(초당춘수족草堂春睡足, 창외일지지窓外日遲遲, 대몽수선각大夢誰先覺, 평생아자지平生我自知)

219

거리며, '그대는 몇 살인가?' 하고 물었더니, 사사 십육이라고 한다. 나도 이팔 십육이니 서로의 나이가 딱 맞는구나 하고 말을 흐리듯 혼잣말을 한다. 그리고 차근히 얼굴을 살펴보니, 춘향도 나쁘지 않은 사내다운 모습에 위엄이 하늘과 같은 군수의 도련님이다 보니, 똑바로 쳐다보기도 눈부셔서, 눈을 푸른 풀 위에 떨구고 올려다보지도 못한다. 이윽고 작은 목소리로,

"여기는 남의 눈에 너무 띄고, 또 저의 어미를 생각하면 무서우니, 얼른 돌려보내 주십시오."

라고 부탁한다. 몽룡은 크게 웃으며,

"남의 눈이란 무슨 말이오, 이곳 사람들은 모두 내 아버지의 신복들이오. 조금이라도 나에게 무례한 짓을 한다면 내일 당장 그 집을 망하게 할 수 있는 자들이니, 꺼릴 것이 있겠소?"

하고 여전히 돌려보내 주려 하지 않았다. 그리고

"오늘 밤에 그대가 있는 곳으로 갈 터이니, 그대는 어미에게 잘 전하여 반드시 집에 있으면서 나를 기다리도록 하시오."

라고 말하고 일단은 돌려보내 주었다.

몽룡도 일단 마음을 진정시키고 자신의 집으로 돌아가 해가 지는 것을 기다리는데, 그 반나절이 얼마나 길던지! 자신의 방에 앉아 서가에서 책을 꺼내어 펼쳐 읽어 보았으나, 눈은 한 행만을 위아래로 왔다 갔다 할 뿐. 때때로 눈앞에 보이는 것은 춘향의 귀여운 모습이었다. 그렇게 책 한 권을 뽑아 두세 줄 소리 내어 읽고는 또 다른 책을 음독하고, 다시 두세 줄 읽고는 다른 책을 음독하니, 아직 몇 시간 지나지 않는 사이에 서가의 많은 책을 모두 펼쳐 읽어 버렸다. 이제는 더 이상 읽을 책도 없어, 소리 내어

'보고 싶구나, 보고 싶구나.' 하고 부른다. 옆방의 군수는 자신의 아들이 계속, '보고 싶구나, 보고 싶구나.' 하고 소리 높여 부르는 것을 듣고 이상히 여겨 방문을 열고,

"너는 무엇을 보고 싶다고 하는 것이냐?"

하고 물어 보니 몽룡은 천연덕스러운 얼굴로,

"시경의 칠월편을 보고 싶다고 말하는 것입니다."

라고 대답하자, 군수는 속아 넘어갔다.

"그렇구나, 너는 이미 학업이 진보하여 칠월편을 보고 싶다고 생각할 정도가 되었구나. 기특한 녀석이로구나. 이번에 도읍으로 보내는 사자에게 부탁하여, 반드시 시경을 사오도록 하마."

라고 약속했다. 군수는 자신의 방으로 돌아가 군서기를 불러 우쭐해하며,

"우리 아들의 학업의 진보는 놀라울 정도요. 지금 벌써 칠월편을 보고 싶다고 하기에 이르렀으니, 그리 생각하지 않소?"

하고 물었다. 할 수 있는 것이라곤 아첨밖에 없는 군서기는 능숙하게 답변했다.

"도련님의 학업의 진보를 영감께서는 이제서야 알게 되시다니, 등잔 밑이 어둡다는 말이 맞습니다. 군리郡吏 중 누구 하나 경탄하지 않은 자가 없습니다."

몽룡은 얼른 날이 저물었으면 하고 기다리지만, 좀처럼 쉽사리 어두워지지 않아, 끝내 견디지 못하고 머슴을 불러, 지금은 몇 시경이 되었는지 나가서 보고 오라고 명령하기에, 머슴은 웃으면서 밖으로 나가 하늘을 보고 돌아와, 아직 날이 저물기는 멀었다고 대답했다. 몽룡은 혀를 차면서 말했다.

"오늘 해는 왜 이리도 긴 것인가! 누군가가 해에 줄을 묶어 움직이지 못하게 당기고 있는 것이 아니겠는가."

하지만 이윽고 모종暮鐘이 이쪽저쪽 절에서 들려오며 어둑어둑한 밤이 정원의 나무를 삼키자, 채비를 하고 풍채 수려하게 하여 낮에 데리고 있던 머슴의 안내를 따라, 사초롱을 들고 조용히 춘향의 집으로 향했다. 춘향은 이날 집으로 돌아가 언덕 위에서의 일을 소상히 어미에게 이야기를 하였더니, 월매는 잘된 일이라고 생각하며 여러 가지 준비를 하고 춘향에게도 목욕을 하게 하고, 좋은 옷을 입혀 도련님을 기다리게 하였다. 춘향도 이미 이팔청춘의 나이에 이르러, 어미가 허락하는 사람이라면 기다리지 못할 것도 없었다. 방을 깨끗이 정리하고, 금琴을 꺼내어 조용히 사람을 기다리는 곡(待人曲)을 뜯고 있었다. 이윽고 몽룡이 도착하여 가볍게 문을 두드리자 월매는 나와서 연유를 모르는 척 하며, 도련님은 뉘신지 묻고 몽룡이라고 대답하는 것을 듣자 놀란 척하며,

"도련님이 바로 영윤令尹[6]의 아드님이시라니 걱정스럽습니다. 이 일을 부군께서 아시게 된다면 우리 집안에 어떤 화가 닥칠지 헤아리기 어렵습니다. 도련님께서는 방에서 독서와 작문을 하고 계셔야지요. 부탁하건대 속히 돌아가시길 바랍니다."

라고 말한다. 몽룡은 자신의 예상과는 다른 반응이었지만 대답하기를,

"월매는 걱정하지 마시오. 저의 아버지도 지금은 엄해 보이지만, 젊은 시절에는 호탕하기로 이름을 떨쳐 기생 창부는 물론 지옥 끝까지 갔다

---

6 중국의 지방 장관을 달리 이르던 말. 진秦나라·한漢나라 이래 현지사縣知事를 현령縣令이라 하고, 원대元代에는 현윤縣尹이라 하였으므로 영과 윤을 합쳐 이른 것이다. 여기서는 군수의 뜻.

오셨다 하더이다. 제가 오늘 밤에 이 집에 온 것을 아버지께서 알게 되시더라도 오리 새끼가 오리인 것을, 어찌 화를 내실 일이 있겠소. 얼른 들어가게 해 주시오. 춘향이 기다리고 있을 것이오."

하며 무리하게 들어갔더니, 세간 등을 정성을 들여 정돈해 두고 춘향은 금을 뜯으며 등을 보이고 있더라. 월매는 크게 웃으며,

"도련님의 집요함이여, 그럼 오늘 하룻밤만은 마음 놓고 즐기십시오. 다시는 결코 오셔서는 아니 됩니다."

라고 말하면서, 이윽고 준비해 둔 주안상을 꺼내니 산해진미가 술자리에 넘친다. 여기에 몽룡은 노기 월매의 도움을 받아 춘향과 잔을 나누고, 혼백 표표히 구름 위로 날아올랐다. 밤이 깊어지자 연회를 마치고 동방洞房에 들어가자, 춘향은

"도련님께서 저와 백년가약을 맺으시고, 어떠한 일이 있어도 다른 여자에게 마음이 움직이지 않을 것을 맹세하지 않으신다면, 저는 도련님을 허락할 수 없습니다. 저도 두말할 것도 없이 일단 도련님을 허락한 뒤에는 바다가 마르고 산이 갈라진다고 하여도 외간 남자와 살을 섞지 않겠습니다."

라고 말하자, 몽룡도 굳게 맹세를 하였다. 이로부터 매일 밤 이곳을 다니며 일심으로 정을 나누는 것이 교칠膠漆[7]과 같았다. 그러던 중 몽룡도 스스로 면학을 태만히 하여 서가에 먼지가 쌓이고, 세월은 빨리 흘러, 남원 군수는 뜻밖에도 전임의 명을 받아 경관京官이 되어, 여장을 준비하기 바쁘게 도읍으로 떠나고자 했다. 몽룡과 춘향은 억장이 무너지는 듯하였지만 어찌할

---

7 아교와 옻칠이라는 뜻으로, 매우 친밀하여 서로 떨어질 수 없는 관계를 비유적으로 이르는 말.

도리가 없었다. 몽룡은 출발하는 날 핑계를 대고 도중에 잠시 돌아와, 읍 밖 오리정五里町까지 배웅 나온 춘향과 말에서 내려 손을 잡고 눈물을 흘리며,

"나는 내년 춘삼월 복숭아꽃이 아름답게 필 때, 반드시 다시 여기에서 그대와 만날 것이니, 나를 믿고 기다리시오."

라고 말하며, 손가락에 끼고 있던 금반지를 빼서, 증표로서 춘향에게 주었다. 춘향은 울음에 말도 나오지 않아, 품속에서 따뜻한 면경面鏡을 꺼내어 몽룡에게 주었다. 두 사람은 이대로 이렇게 있을 수도 없는지라, 어쩔 수 없이 곧 동서東西로 헤어졌다.

도읍에 당도했지만 날개 없는 몸인지라 남원으로 날아갈 수도 없어, 몽룡은 한없는 그리움에 괴로워한다. 유명한 스승 밑에서 문학에 힘써, 밤낮으로 학업이 향상되니, 그해 말에는 과거에 응시하여 강구청동요康衢聽童謠[8]에 대한 시제에 답을 하였다. 글재주가 대하의 물이 넘치듯 하여 시험관을 놀라게 하니, 경사스럽게도 장원에 급제하여 관례에 따라 암행어사에 임명되어 마패를 하사받아 사방의 정치를 살피러 출발하였다.

춘향은 오리정에서 몽룡과 이별한 뒤부터는 해진 옷을 입고 풀어진 머리를 빗지 않고, 몸종이 하는 일을 스스로 하며 과부인 양 행세하여, 낭군이 불러주기만을 기다리고 있었다. 여기에 남원 군수 이 씨의 후임으로 취임한 군수는 성질이 매우 호색탐간好色貪慳[9]하며 어색탐재漁色貪財[10]하는 난폭

---

8 〈강구요〉는 중국의 요임금이 나라를 다스린 지 50년이 되어 민심을 살피러 나온 길에 어느 번화한 네거리에서 놀고 있던 아이들이 불렀다는 노래이다. 그 가사는 '우리가 이렇게 잘 살고 있는 것은 모두가 임금의 지극한 덕이네. 우리는 아무것도 모르지만 임금이 정하신 대로 살아간다네(立我烝民 莫匪爾極 不識不知 順帝之則)'라는 것으로, 요임금의 치세를 찬양하는 내용임.

9 호색하고 재물을 탐하고 인색함.

한 자였던바, 취임한 다음 날 서기를 불러, 이 군읍에 '향'이라는 자가 있지 않느냐고 묻기에, 서기는 이 의중을 몰랐던지

"향이란 피우는 향을 말씀하시는지요, 이 지역에서는 향은 나지 않습니다."

라고 대답하였다. 군수는 성질 급하게,

"이런 멍청한 것! '향'이란 춘향을 말하는 것이다."

라고 말하자, 서기는

"춘향을 말씀하신 것입니까. 춘향은 군읍 제일의 미인으로서 퇴기 월매의 외동딸입니다. 하지만 전임 군수의 아들 이몽룡과 백년가약을 맺어, 몽룡이 도읍으로 떠난 뒤로는 문을 걸어 잠그고 정조를 지키고 있어, 남자에게 얼굴을 보이는 일이 없습니다."

라고 말했다. 군수는 크게 웃으며,

"이전 군수의 자식은 이전 군수의 자식이지, 지금의 군수는 지금 군수다. 게다가 대대로 기생의 집에 태어난 주제에 수절은 무슨 수절이냐! 군읍 제일의 미녀인 만큼 그대로 내버려 둘 수 없구나. 급히 사람을 보내어 내 앞으로 데려오도록 하여라."

'어서 어서' 재촉하기에, 서기는 급히 사람을 불러 명을 전달했다. 이 자들은 이전에 몽룡이 있을 때에는 가끔 춘향이 있는 곳에 따라 갔던 자들이다. 술자리도 얻어먹고 돈도 받아 챙겼었는데, 요즘은 그러한 일이 전혀 없어 명을 받들자마자 월매의 집으로 가서 군수의 명령을 전했다. 월매는 눈치 빠르게 일단 주안상을 내어오고, 만족할 때까지 이들에게 향응을 제공하고, 또 얼마만큼의 돈까지 주어 춘향은 요즘 병으로 누워 있다고 전해

10 여색을 특히 좋아하고 재물을 밝힘.

달라고 부탁하였다. 군수는 '이제나 저제나.' 하며 춘향이 오기를 기다리나 심부름을 보낸 자조차 돌아오지 않자, 다시 사람을 보내어 이번에는 왈가왈부하지 말고 춘향을 끌고 오게 하였다. 관청 앞에 앉은 춘향을 보니, 꾸미지는 않았지만 천성의 용모가 으스름달과 같아, 호색한 마음이 솟구치는 것을 가눌 길이 없었다. 여러 가지로 구슬려 보지만 춘향은 단호히,

"'정부불견이부貞婦不見二夫' 하고, '충신불사이군忠信不仕二君'이라. 저는 이미 이몽룡과 백년가약을 맺었기에, 국왕이 부르신다고 하여도 이 정조가 변할 일이 없습니다. 남원군은 좁다고는 하지만 기생 창부는 여전히 많이 있습니다. 마음에 드실 미인도 적지 않게 있을 것이니, 부디 저는 용서해 주십시오."

라고 엎드려 청했다. 그러나 군수는 차가운 눈초리로,

"기생 년에게 수절이라니, 여인네에게 고환이 달렸다는 소리보다 웃긴 이야기로구나. 듣자 하니 혼이 나 보아야 정신을 차리겠구나. 여 봐라 매우 쳐라."

하니, 졸개들이 곤장[11]을 들어 무정하게도 내리치고 이내 하옥시켰다. 그런데 이 일이 일어나기 전에 춘향은 어느 날 밤, 거울이 떨어져 깨지는 꿈을 꾸었다. 마음에 걸려 이를 점쟁이에게 물어 보았더니, 점쟁이는 거울이 떨어져 깨졌다면 분명히 소리가 날 터, 가까운 시일 내에 반드시 경사스러운 소식이 있을 것이라고 일러 주었다.

몽룡은 암행어사의 직을 하사받고, 거지 행색을 하고 혼자서 터벅터벅 남원군에 도착했다. 군읍에서 멀리 떨어지지 않은 길가에서 머슴으로 보이는 한 남자가 바위 위에 앉아 있었다. 자세히 쳐다보니, 이 자는 자신이

---

11 원문에는 '鞭'으로 되어 있음.

지난 날, 춘향의 집 안내를 부탁했던 그 머슴이었다. 머슴은 모습이 너무나도 바뀐 몽룡을 알아보지 못하고, 무엇인가 혼잣말을 하는데 들어 보니,

"아아, 불쌍한 춘향, 이몽룡과 백년가약을 맺었다고 해서 현 군수의 말을 따르지 않고 감옥에 들어가 매일매일 곤장을 맞는구나. 그건 그렇고, 못 믿을 건 몽룡이로구나. 이 땅을 떠난 지 이미 십 수 개월, 아직까지 소문 한번 들려오지 않는다고 하니. 춘향이 끝내 괴로움을 견디지 못해, 여기 편지 한 통을 써 나에게 부탁하여 도읍의 몽룡에게 보내는구나. 그렇다고는 하나 경성京城까지는 구름과 산이 수백 겹인데, 언제 몽룡에게 소식을 전할 수 있을까? 그리고 소식을 전했다손 치더라도 그는 원래 풍류를 즐기는 도련님이라 시골에서는 춘향과 맺어졌지만, 도읍에 올라가서는 궁중의 상급궁녀,[12] 상류층 규수[13]나, 기녀와 창녀 등 온 나라의 뛰어난 자들 중에 미색이 뛰어난 자를 바라보면 비할 데 없이 꽃처럼 아름다우니 어쩔 도리가 없을 것이다. 실로 불쌍한 것은 춘향이고, 못 믿을 것은 몽룡이로다. 어디 한 번 가 보자꾸나."

하고 일어나 가려고 하는 것을, 몽룡이 '여보게' 하고 불러 세워 네가 맡아 둔 편지를 나에게 보여줄 수 없겠느냐고 하자, 머슴은 놀라 눈을 크게 뜨고 호통치며,

"어디에서 굴러온 거렁뱅이가 간도 크게 밀서를 보여 달라고 하는 것이냐?"

라고 하며, 거들떠보려고도 하지 않자 몽룡은 크게 웃으며 얼굴을 가리키

---

12 원문은 '조로上臈'로 되어 있음. '조로뇨보上臈女房'의 약칭으로 2품·3품 되는 신분이 높은 궁녀관직의 뜻. 혹은 에도江戸 막부의 궁녀관직 중 최고위자.
13 원문은 히메고제姬御前로 되어 있음. 귀인의 딸을 높여 이르는 말.

며 너는 전 주인을 잊은 것이냐 하니, 그제서야 알아보고 더욱 놀라고 탄식하며 말했다.

"아아 불쌍한 춘향아, 이 거지를 기다리려고 군수의 명을 거부하고 매일 고생을 하고 있는 것인가! 어이가 없구나, 이몽룡. 왜 갑자기 이리도 행색이 초라해졌소?"

하지만 편지를 받을 본인이라면 편지를 주지 않으면 안 되겠다고 생각하여 품속에서 꺼내어 주는 것을 펼쳐 보니, 요즘의 고생을 적고 어떠한 각오인지를 적고, 오로지 몽룡이 와서 구해 주기만을 기다리고 있다고 적혀 있었다. 몽룡은 그제서야 춘향의 그간의 상황을 알고 깜짝 놀라, 옆의 민가에 가서 붓과 종이를 얻어 답장을 써서 머슴에게 맡겨 춘향에게 전하게 했다. 편지의 내용은 단지 가까운 시일 내에 만나자고 하는 것뿐이었다.

몽룡은 머슴과 헤어진 후에 걸으면서 논밭에서 경작하는 농부들의 이야기에 귀를 기울였는데, 그 누구 할 것 없이, 새 군수의 원성뿐이었다. 군수로 부임하고 나서 어떠한 선정도 베풀지 않고, 매일 춘향을 매질하고 자기 뜻에 복종하게 만들려고 할 뿐이었다. 춘향은 기생의 자식이기는 하나 수절을 하는 여자였다. 그녀를 책하여 괴롭히는 것과 군의 정치는 무슨 관련이 있단 말인가! 전 군수가 재직하고 있던 당시가 그립다는 등의 백성의 말을 공평한 몽룡은 곰곰이 듣고, '그렇다면 새 군수는 군을 다스릴 재목이 아니구나' 하고 깨닫게 되었다. 이와 같이 관리를 혁파하는 것이야말로 암행어사의 임무라고 결심하고, 아무렇지 않은 듯한 얼굴을 하고 농부 등이 모여 있는 곳에 가서 밥을 청하고 담배를 피우며, 계속해서 그들이 이야기를 들어 보니, 이번 달 어느 날은 새 군수의 생신이라 이미 축하 대연회의 준비를 철두철미하게 하고 있으며, 군의 기생은 새로운 곡을 만들어 연습

하고 있고, 이미 초대장은 이웃 각 군수 및 관리들에게 보내어졌으니, 분명 성대히 치러질 것이다. 하지만 나중에 세금[14]을 바치게 될 것이 무섭다는 등 어디서나 새 군수에 대한 불만뿐이었다. 몽룡은 이에 남원을 떠나 인근의 군인 천안天安에 이르렀다. 즉시 군청에 가서 안내를 청하여 마패를 내보이며 은밀하게 군수에게 부탁하기를, 이번 달 어느 날 옥졸 십수 명을 남원군에 보내어 달라고 하고, 다시 표연히 사라져 남원에 가서 갑자기 월매의 집을 찾아갔다.

오랜만에 월매의 집에 와 보니 오랫동안 청소도 하지 않은 듯 담장 곳곳은 무너지고 문 안쪽은 먼지로 수북하여 실로 문전작라門前雀羅[15]의 꼴로 매우 고요하고 음산하기 짝이 없었다. 참으로 죄수가 사는 집은 이리도 쓸쓸한 거로구나 하며 몽룡은 탄식했다. 집안을 잘 알던 터라 안쪽 깊숙이 들어가니 월매의 목소리인 듯 혼자말로

"아아, 몽룡이 원망스럽구나. 외동딸 춘향이를 감언이설로 속이고 떠난 후 한 번의 기별도 없이 밤낮으로 춘향이를 걱정시키고, 게다가 수절을 위해 옥에 갇히기까지 했구나. 나는 이미 마흔을 넘은 몸, 춘향을 잃고서는 무엇을 의지하고 이 말년을 보낼꼬. 불쌍한 춘향이, 가여운 나 월매로구나."

라고 흐느껴 울었다. 몽룡은 모르는 척 문을 똑똑 두드리고, 밥이 있으면 달라고 구걸했다. 월매는 거지가 밥을 달라는 것을 듣고 화가 나서 일어나지도 않고 새된 목소리로,

---

14 원문에는 '고요킨御用金'으로 되어 있음. 에도江戸 시내 막부幕府가 임시 비용에 충당키 위해 호상豪商에게 과한 차입금.
15 대문 밖에서 새 잡는 그물을 칠 만큼 찾아오는 사람이 없음을 비유.

"우리 집 같은 불행한 집에 무슨 거지에게 줄 밥이 있겠는가, 어서 가거라."

라고 했다. 몽룡은 돌아가지 않고

"그렇게 밥이 없으면 술, 술이 없으면 돈을 주시오."

라고 하니, 월매는

'그렇다면 거지가 아닌 게로군. 요사이 춘향이 옥에 갇히게 되고부터 밤낮으로 가까운 곳에 파락호破落戶[16]들이 와서, 춘향을 구하려면 이만큼 돈을 달라든가, 혹은 춘향을 구하려면 춘향을 자신의 첩으로 줘야 한다는 둥 하면서 위협을 했는데, 이것도 또 그들의 소행인가?'

하며 일어나 문을 열고 그 사람을 보니, 이것은 그렇게도 춘향이가 밤낮으로 잊지 못하고 그 때문에 옥에 갇히게 되었던 이몽룡이, 그것도 거지 행색으로 초라하고 쓸쓸하게 우두커니 서 있는 것이었다. 너무 놀라 눈물이 흘러 볼을 적시니,

"아아, 나의 춘향아. 잘도 기다리며, 수절했구나. 거지의 행색으로 온 이 사람을 기다리려고 수절했단 말인가! 그러게 내가 너에게 그리 일렀거늘. 우리 집은 대대로 기생으로 나도 나의 어미도, 그 할머니도 누구 한 사람 수절한 사람이 있다고 듣지 못했다. 물은 흐르는 대로 맡기고, 결국 고여 못이 된다. 지금 몽룡을 잊고 새로운 군수를 따르고, 또 새로운 군수를 잊고 다른 양반을 따라도, 결국 복을 받으면 그만이다. 내가 말하는 것을 듣지 않는 너는 거지를 기다리는 몸이 되지 않았는가! 몽룡, 너도 모처럼 이곳에 왔으니 지금부터 옥에 가서 춘향을 만나고, 그녀에게 너를 잊어달

---

16 재산이나 세력이 있는 집안의 자손으로서 집안의 재산을 몽땅 털어먹는 난봉꾼을 이르는 말.

라고 해 주소."

하고 안으로 들어오게 하여 밥을 먹이고, 그를 데리고 군의 감옥으로 가서 춘향을 만났다. 월매는 옥 문 앞에서 벌써 통곡을 하며, '춘향아 잘도 기다렸구나, 기다렸구나. 오늘이야말로 네가 기다리는 사람이 왔으니, 잘 보거라.'라고 하여, 춘향이 목에 채워진 칼을 무겁게 문에 매달려 일어나서 보니 밤낮 잊어본 적 없는 그 사람이었다. 모습은 초라하고 볼품없이 서 있는데 원망하려고 해도 말도 나오지 않았다. 또 옆에 어머니도 있으니 눈물을 겨우 참고,

"참으며 잘 오셨습니다. 내일은 새로운 군수의 생일로 기생들이 모두 불려 나가게 되었는데 혹은 첩도 끌려 나갈지 모르고, 목의 칼도 무거워 혼자서는 걷는 것도 어려우니, 내일 적당한 때에 오셔서 목의 칼을 들어 주십시오."

라고만 전할 뿐 슬픔에 견디지 못하고 쓰러져, 어이어이 슬퍼하는 목소리만 냈다. 몽룡은 뭐라고 말하지도 못하고 월매를 향하여 그렇다면 우리는 집에 돌아가자고 하니, 월매는 의아한 얼굴을 하며 너의 집이라는 것은 누구의 집을 말하는가 하고 물었다. 몽룡은 나는 자네의 사위이니 자네의 집은 결국 내 집이지 않겠는가 하고 태연하게 대답했다. 월매는 어이가 없어 쳐다보며 '신세가 영락하여 얼굴도 두꺼워졌는가! 너는 지금부터 어디 처마 밑이나 길가의 불당에 머무는 게 제격'이라고 무안을 주었지만, 몽룡은 넋이 나간 듯한 미소를 짓고, 그림자처럼 월매를 따라가니, 과연 여자도 내치지 못했다. 그대로 집에 들어가 어쨌든 구박을 하며 방으로 안내해 변변찮은 식사를 내주었다.

드디어 다음 날은 새로운 군수의 생신이라 해서 주변의 군수들도 축하하

기 위해 선물들을 가지고, 어떤 자는 가마로 어떤 자는 말을 타고 많은 종자들을 거느리고 찾아왔다. 그 외에 관가에 속하는 자들도 나름대로 선물을 바치니, 군수의 권위도 크게 드러난 실로 대단한 의식이었다. 몽룡은 그 천안 군수와 약속한 시각에 군아郡衙에 다가가니 과연 복장이 남다른 자들이 열 명 남짓 모여 있었다. 이에 자신이 군아에 들어가면 즉시 문을 열고 들어가 자신을 호위하라고 명하였다. 막 기생의 무악이 한창인 식장에 정문으로 진입하려고 하자 문지기가 크게 호통 치며

"네 이놈, 어디 거지 놈이냐! 여기는 네놈들이 들어올 수 있는 곳이 아니다."

라며 금방이라도 곤봉으로 내리치려고 하였다. 이에 도망쳐 나와 뒷문으로 몰래 들어가, 대청 앞 넓은 마당의 기생들이 나란히 서 있는 곳에 태연하게 걸어 들어가니 새로운 군수는 이를 금방 발견하고는

"저놈은 웬 놈이냐! 거지가 아니냐. 문지기들이 낮잠을 자고 있나 보구나. 게으른 놈들. 어찌 이런 놈을 이곳에 들여놓은 것인가. 누가 당장 저놈을 끌어내라."

라고 소리쳤다. 그러자 그 자리에 있던 호기심 많은 운봉雲峯 군수가 이를 저지하였다.

"내 유심히 저 거지의 모습을 보니 보통 거지가 아닌 듯하오. 그러니 저 거지에게 시를 짓게 하여 못 짓거든 즉시 내쫓읍시다. 시를 짓는다면 기생을 시켜 술 한 잔 주는 것이 어떻겠습니까?"

라고 말하니 모두 그것 참 재미있는 명안이라며 그 뜻을 몽룡에게 전하였다. 몽룡은 즉시 승낙하고 운을 청해 묵색 아름답게 시를 술술 써 내려가는데 그 내용을 보니,

금 술잔의 맛 좋은 술은 천백성의 피요	金樽美酒千人血
옥그릇의 기름진 안주는 만백성의 기름이니	玉盤佳肴萬姓膏
촛농이 떨어질 때 백성의 눈물도 떨어지고	燭淚落時民淚落
노랫소리 높은 곳에 원망소리도 높다	歌聲高處怨聲高

라고 했다.

남원 군수는 기분 나쁜 시라 생각하였지만 약속인지라 기생에게 명하여 술을 따라주게 하였다. 수많은 기생들은 서로 얼굴만 쳐다볼 뿐 누구하나 따라 주려는 이가 없었다. 어쩔 수 없이 그중 가장 나이 많고 못생긴 기생이 일어나 얼굴을 쳐다보지 않고 술을 따라 주었다. 그때 문밖에서 크게 '암행어사 출두요! 암행어사 출두요!' 하고 외치는 소리가 들렸다. 당상에 모여 있던 여러 군수들이 이 소리를 듣고 얼굴이 새파랗게 질려 자신에게 위해가 가해질까 두려워 모두 헐레벌떡 당상에서 내려왔다. 그리고 종자를 불러 어떤 이는 가마에 어떤 이는 말을 타고 뿔뿔이 도망을 쳤다. 그중에서도 덜렁이 운봉 군수는 너무나도 당황한 나머지 거꾸로 당나귀를 타고 열심히 채찍질을 하였다. 당나귀는 목에 채찍을 맞고 놀라 이리저리 뛰어다니니 그 모습이 우습기도 하였다. 여기에 천안군의 옥졸 열 사람이 의기양양하게 뛰어 들어오고 몽룡은 마패를 보여 주니 남원 군수는 새파랗게 질려 굽실거리며 급히 자리를 양보하였다. 이吏, 호戶, 예禮, 병兵, 형刑, 공工의 여섯 군 관속은 옷을 갈아입었다. 어사는 엄히 군고郡庫를 봉하게 하고 이어 수인囚人을 대령하게 하였다. 새로운 군수가 부임한 이래로 소송이 빈번하여 수인이 옥에 넘쳐났기에 어사는 형부의 관속에게 명하여 그 죄목을 읽게 하여 하나하나 재판하니 대부분은 무죄였다. 마지막으로 불려 나온

여자 수인은 춘향이었다. 어사는 멀리서 춘향을 내려다보며

"너는 무슨 죄가 있어 수인이 되어 목에 칼을 쓰고 있는가?"

라고 물으니 춘향은 그저 있는 그대로 답하였다. 어사는 더욱 목소리를 높여

"너는 천한 기생의 신분으로 어찌하여 어울리지 않게 정절을 지키려고 하는가?"

라고 물었다. 그러자 춘향은

"천한 기생이라 할지라도 공맹 성인의 가르침을 따르는 데에 다른 사람과 다를 바가 있겠습니까!"

라고 대답하였다. 이에 어사는 품속을 더듬어 일전의 거울을 꺼내 사령司令을 시켜 춘향에게 보여 주었다. 춘향은 그때서야 어사가 몽룡임을 알고 기쁨에 벅차 땅에 엎드려 울기만 하였다.

이곳에 월매는 오늘도 때가 되어 그릇에 죽을 담아 춘향에게 먹이고자 옥으로 찾아가니, 일찍이 문전박대한 몽룡이 어사라는 소문을 듣고 죽 그릇을 내던지며 깜짝 놀라 말하기를

"우리 가문은 대대로 '부중생남不重生男 중생여重生女'를 가훈으로 삼아왔다. 오늘의 지금에야말로 가훈이 올바른 것이었음을 알겠구나. 또한 춘향은 나의 가르침에 따라 잘도 수절하였으니, 더 이상 군수도 두렵지 않구나. 파락호도 두렵지 않다."

라고 기뻐하며 힘차게 집으로 돌아가 정성껏 술과 안주를 준비하여 몽룡과 춘향을 맞이하였다.

어사 몽룡은 일일이 남원 군수의 죄목을 지적하여 복죄하게 하고, 즉시 파면하였으며 운봉군수에게 남원 군수 서리署理를 명하고서는 다시 다른

고장으로 길을 떠났다.

순시를 마치고 또 남원을 지나 춘향과 함께 상경하여 상세한 내용을 장례원掌禮院[17]에 보고하고 춘향은 절부節婦로 정표旌表되었다고 한다.

춘향전은 이 나라에서 가장 널리 알려진 이야기이다. 창[18]으로도 연극으로도 또는 일반인에 의한 창[19]으로도 춘향전을 공연하지 않는 것은 없다. 춘향전, 재생연再生緣, 장화홍련전 등의 이야기는 한글[20]로 된 2, 3전의 책으로 도읍과 시골 모든 곳의 서점에서 판매되었으며, 중류 이상의 부녀자가 서로 모여 이를 나누어 읽고 그 주인공을 동정하며, 이를 통해 여인의 덕을 연마하는 데 일조하였다. 생각건대 이것이 주는 감화는 우리나라의 바킨馬琴[21]이 지은 작품 속 막부시대의 가정과 같다. 이러한 이야기는 또 이 나라의 남녀 관계 및 상류 부인의 도덕을 관찰하는 데에 좋은 재료이다.

그러나 밝은 등불 밑에는 어두운 그림자가 있다. 이 나라의 상류

---

17 1895년(고종 32) 관제개혁 때 종래의 통례원通禮院이 담당하던 궁중의식·조회의례朝會儀禮뿐만 아니라 예조에서 장악하고 있던 제사와 모든 능·종실·귀족에 관한 사무를 관장하던 관서. 본서가 출판된 1910년에서 그리 멀지 않은 시기의 관청이름이라 주목됨.

18 원문에는 '조루리浄瑠璃로 되어 있음. 조루리는 일본의 가면 음악극의 대사를 영창咏唱하는 음곡에서 발생한 음곡에 맞추어서 낭창朗唱하는 옛 이야기. 여기서는 조선의 창을 가리키는 것으로 추정.

19 원문에는 '시로우토부시素人節'로 되어 있음. 직업인이 아닌 비전문가가 조루리를 공연하는 것을 가리킴.

20 원문에는 '가나仮名'로 되어 있음. 가나는 일본어 표기문자로, 한글을 가리키는 것으로 추정됨. 물론 조선의 한글은 일본의 '가나仮名'로 번역될 수 있으나, 다카하시 도루는 모든 본문을 한자로 쓰고자 고집하고 있어 한자가 없는 '한글'을 가타카나로 표기하지 않고 그대로 '가나仮名'로 표기한 것으로 판단됨.

21 바킨(1767~1848)은 에도江戸 후기의 녹본読本 직가. 산토 교덴山東京伝에게 사사를 받고 합권合巻·독본読本의 활발한 작품활동을 하였다. 사전물史伝物에 특색이 있고 권선징악의 이념과 인과응보의 도리를 아속절충雅俗折衷의 문체로 그렸음.

부인이라 한들 설마 열이면 열 모두 이와 같은 정숙한 사람만 있겠는가? 어두운 곳 깊숙이 사람이 볼 수 없는 방 안에서 하늘이 놀라고 땅이 놀랄 만한 부덕을 행하는 악독한 여자가 없지는 않은 것이다. 방패의 양면을 볼 필요가 있기에 다음으로는 이 반대쪽을 기술하고자 한다.

28. 독부毒婦

　옛날 옛날에 과거시험에 낙방한 어느 수재秀才가 있었다. 이미 문과의 뜻은 버리고, 무과로 입신양명하기로 뜻을 바꾸고 활쏘기를 배웠다. 하루는 활 연습을 하러 모화관慕華館[1]에 가서 혼신의 힘을 다해 활을 쏘았다. 이윽고 저녁이 되어 내일 다시 해야겠다고 활 도구를 정리하여 어깨에 메고, 집으로 돌아가고자 하였다. 그때 저 쪽에서 금장식 찬란하고 푸른 발을 아름답게 드리운 부인의 가마가 소녀 하나를 뒤에 대동하고 조용히 오는 것이 보였다. '어디 큰 양반집의 부인이 외출하시는구나.' 하며 바라보고 있는데, 그 때 마침 돌풍이 불어, 그 푸른 발이 펄럭였다. 이에 가마 속의 주인의 얼굴이 언뜻 보였는데, 매우 곱게 짠 흰 비단(素綾) 옷을 겹쳐 입고 단정히 앉아 있는 용모가 실로 아름다워, 마치 천상天上의 사람인 듯하였다. 수재는 태어나서 아직 이러한 미인을 본 적이 없어,

　'참으로 세상에는 이토록 아름다운 부인도 있구나. 그런데 이 부인은

---

1 조선 시대 때 명나라와 청나라에 사신을 맞이하던 곳. 태종太宗 7(1407)년 서대문 밖 북서쪽에 '영은문'과 함께 세웠는데, 뒤에 '모화관'은 '독립관'으로, '영은문'은 뜯고 그 자리에 '독립문'을 세웠음.

과연 누구의 부인일까? 이러한 미인을 아내로 두고 있는 남자야말로 삼천세계三千世界[2]의 행복을 한 몸에 누리고 있는 자일 것이다. 나는 이미 오늘의 일과도 끝이 났으니, 호사가가 된다 해도 이 가마 뒤를 쫓아가 하다못해 미인의 집이라도 보고 싶구나.'

라고 혼잣말을 하고 흥에 겨워 웃음 지었다. 가마를 앞서거니 뒤서거니 하며 따라가 보니 남촌南村의 어느 대저택의 문으로 들어가 다시 나오지 않는다. 그렇다면 이 집의 부인인 것이 틀림없다. 이대로 돌아가는 것도 왠지 아쉬워 '어떻게 해서든 내방內房에 몰래 숨어들어가 편히 쉬고 있는 부인의 모습을 엿보고 싶구나.' 하고 들어갈 수 있는 곳은 없을까 하며 문의 좌우를 방황하였지만, 토담이 높아 넘어갈 수도 없었다. 그렇다면 '뒷문으로 돌아가 볼까.' 하여, 이미 초저녁이 되어 인적이 드문 틈을 타서 뒷문으로 가 보니, 때마침 그곳에 조금 높은 언덕이 있어 언덕에 오르면 담을 넘을 수 있을 것 같았다. '이것 참 운이 좋구나.' 하며 옷을 걷어붙이고 훌쩍 담을 넘어 저택 안으로 들어가 보니, 이미 내방 뒤에 있는 동쪽 서쪽의 방에는 등불이 밝게 빛나고 있었다. 발소리를 죽이며 몰래 동쪽 방에 다가가 엿보니, 한 노파가 베개에 기대어 있고, 그 앞에 좀 전에 본 미녀가 단정히 앉아 불빛 아래에서 한글 책[3]을 낭독하여 들려주고 있었다. 등불빛이 훤한 탓인지, 한층 아름답게 보이고 향기가 넘치고 있었다. 이윽고 노파는 미인에게 말했다.

"오늘은 얼마나 피곤하겠느냐. 나머지 부분은 내일 밤에 하고, 얼른 방에 돌아가 쉬거라."

---

2 불교용어. '넓은 세계'라는 의미.
3 원문은 '가나본仮名本', 즉 히라가나로 표기된 일본책이라고 되어 있음.

238

미인은 빙긋 웃으며,

"실로 오늘은 산길을 오르락내리락 했더니 적지 않게 고단하오니, 오늘 밤은 이쯤에서 쉬도록 하겠습니다. 어머님께서도 편히 쉬십시오."

하고 매우 예의 바르게 인사를 하고 서쪽의 자기 방으로 물러갔다. 수재는 '이 미인이 홀로 잔다면, 내 바람이 혹여 이루어지지 않을까? 하는 공상을 하며, 다시 조용히 서쪽 방의 창문 아래로 몰래 가서 엿보았다. 미인은 발소리도 조용히 돌아와서는 옆방에 있는 소녀에게 부드러운 말투로,

"너도 오늘 나와 같이 다니느라 피곤할 텐데, 오늘 밤은 너의 어머니 방으로 내려가서 자고, 다시 내일 아침 일찍 오거라."

하고 이 아이를 돌려보냈다. 좁지 않은 별채 하나에 홀로 외롭게 앉아 있다가, 이윽고 포단을 꺼내어 깔고 다도구※道具와 담배상자를 꺼내어, 차를 마시고 담배를 피우며 묵연히 이마에 손을 대고 깊은 생각에 잠기는 듯하였다. 수재는 생각했다.

'이 미인은 무엇을 생각하는 것인가? 멀리 나간 남편인가, 오랫동안 보지 못한 애인인가, 정말 정취가 있구나.'

이윽고 후원의 대나무 숲이 바삭바삭 소리를 내며 터벅터벅 하는 사람의 발자국 소리가 들려 급히 어두운 그림자 속에 몸을 숨기고 보았더니, 까까머리를 한 중이 대나무 숲을 헤치고 나와 창문 아래에 몰래 다가가 '톡톡' 두드려 소리를 내니 안에서 그 미인이 조용히 창문을 열어 들어오게 하고, 기쁜 듯이 부랴부랴 손을 잡고 포단 위에 앉힌다. 난잡스러운 모습이 보기에도 부아가 치밀었다. 이러한 모습을 본 수재는 이제까지 연모하던 마음은 순식간에 사라지고 음부의 음행이 어이가 없어, 다시 무엇을 하는지 자세히 살펴보았다. 중의 목소리로 들리는 것이,

"오늘 성묘는 슬프지 않았느냐?"

하고 묻자, 미인은 달콤한 목소리로 말했다.

"또 그대의 질투인가요, 그대가 이렇게 여기 오는 것을. 성묘하러 가서 무슨 슬픔이 있겠습니까. 하물며 묘라고 하는 것은 이름뿐, 시체조차 없지 않습니까. 오늘 밤도 잘 오셨습니다. 저는 오지 않을까 싶어 지금까지 원망스럽게 생각하고 있었습니다."

그 아름다운 입으로부터 이 같은 중에게 잘도 말하는구나 하고 어이가 없을 뿐이었다. 이윽고 서랍에서 술병을 꺼내어 중에게 따라 주고, 자신도 마신 후에 손을 잡고 잠드는 것을 보았다. 수재는 노여운 마음이 솟구치는 것을 억누를 수 없어, 활에 화살을 쥐고 중의 까까머리를 겨냥하여, '얏' 하고 쏘았더니, 겨냥한 대로 정확하게 화살대가 깊숙이 박혀, 중은 그대로 숨이 끊어졌다. 미인은 청천벽력, 하늘에서 떨어진 호랑이보다도 더욱 놀라면서도, 하지만 과연 독부의 배짱은 두둑한지라 중의 시체를 포단에 둘둘 말아 2층으로 옮겼다. 이 동정을 보고 수재는 '한 건 했구나.' 하고 생각하고, 활을 메고 다시 담을 넘어 자신의 집으로 돌아갔다.

이날 밤 꿈에 열일곱, 여덟 정도 되는 푸른 옷을 입은 아이가 창백한 안색에 음침한 모습으로 나타났다. 수재에게 머리를 조아려 세 번 절하고, 오늘 뜻밖에도 저의 깊은 원수를 갚아 주셨기에, 이에 대한 사례를 하러 왔다고 말했다. 수재는 매우 괴이하게 여겨,

"너는 원래 어디의 누구인가? 나는 남을 위해 원수를 갚은 일이 없다. 혹시 사람을 잘못 본 것이 아니냐?"

라고 물었다. 그러자 그 푸른 옷을 입은 아이는,

"저는 남촌의 어느 재상의 자식입니다. 혼인 후에 산사山寺에서 공부할

때 그 절의 승려를 저의 집으로 심부름을 보냈는데, 어느새 저의 아내를 보고는 음부와 파계승이 간통하기에 이르렀습니다. 제가 부모님을 뵈러 산에서 내려와 돌아가는 길에, 뜻밖에도 간사한 중은 저를 죽이고 저의 시체를 산 뒤쪽 바위 구멍에 숨겨 두고, 제가 호랑이에게 물려 죽었다고 부모님을 속였습니다. 그 후 3년 동안 여전히 음부와 간통을 지속하고 있었습니다. 오늘 밤 당신의 화살에 맞아 죽은 중이야말로, 그 독승毒僧입니다. 정말로 3년 동안 어두웠던 저의 원혼冤魂이 오늘 밤 원수를 갚음으로써 갑자기 마음이 탁 트이게 되었습니다. 이 깊은 은혜 뭐라고 표현할 수 없습니다. 하지만 아직 당신에게 청이 있습니다. 저는 늙으신 아버지께서 나이 오십에 달해 겨우 얻은 외동아들로 부모의 총애를 한 몸에 받아, 초나라 왕의 구슬4과도 바꿀 수 없을 정도로 사랑을 받으며 자랐습니다. 그런데 제가 하루아침에 중놈 때문에 천명을 다하지 못하고 죽은 것도 모르시고, 호랑이에게 잡혀갔다고만 생각하고 계셔, 높은 묘를 세우시고 허무하게 텅 빈 무덤에 눈물을 흘리고 계십니다. 바라건대 당신은 내일 늙으신 아버지를 찾아가, 이 사정을 설명 드리고 저의 시체가 있는 곳을 가르쳐드려, 묘에 안장하시도록 해주십시오."

라고 말하고 사라졌다. 수재는 꿈에서 깨어서도 동정의 눈물이 계속 나서 멈추지 않았다. 날이 밝기를 기다려 그 양반집을 찾아가, 주인과 만나기를 청하여 주인을 마주하고 비밀스런 이야기를 할 테니 사람들을 물러가게 하라고 하였다.

"저는 어르신의 아드님이 천명을 다하지 못하고 죽은 시체가 있는 곳을 알고 있습니다."

---

4 중국 고서 '한비자'에 나오는 말. 초나라 왕은 구슬(보석)을 사람보다도 중히 여겼다고 함.

라고 말했다. 그러자 주인은 놀라며,

"그대는 신선인가? 그렇지 않으면 신의 말씀을 듣고 얘기하는 것인가. 어쨌든 간에 함께 찾아 시체가 있는지 없는지 확인합시다."

라고 하고, 말에 안장을 얹어 수재와 나란히 말을 달려, 꿈속에서 들은 동굴을 찾아냈다. 그리고 그 입구의 돌덩이를 들어내자, 과연 눈에 익숙한 옷을 입은 자식의 시체가 누워 있고, 참혹히 살해당한 흔적이 있음을 확인하게 되었다. 노인은 얼굴을 가리고 거의 죽었다가 겨우 정신을 차렸다. 이에 수재는 위로하면서

"누가 이런 큰 죄를 저질렀는지 아시고자 한다면, 돌아가신 아드님의 부인의 방 2층을 살펴보십시오."

라고 말하고, 머슴에게 시체를 업게 하여 이를 산사에 안치했다. 노 재상宰相은 급히 돌아가 아들의 부인의 방에 들어가 웃는 얼굴로 넘치듯 애교를 부리는 부인에게, 내가 그대의 방 2층에 조복朝服[5]을 간수해 두었으니 직접 올라가 찾고자 한다고 하니, 부인은 당황하며 연로하신 아버님께서 어두침침한 2층에서 물건을 찾으시는 것은 위험하니, 제가 대신 찾아오겠다고 하였다. 하지만 이를 듣지 않고, 억지로 열쇠를 열고 들어가니 이미 비린내가 나고 있었다. 냄새를 따라가자 비단이불에 싸여 있는 것이 있었다. 밝은 방으로 꺼내어 살펴보니, 어느 나이 어린 중이 피에 물들어 있고, 화살까지 까까머리에 꽂혀 있는 것이었다. 나이 든 양반은 크게 화난 목소리로, 이게 도대체 무엇이냐고 추궁하였지만, 부인은 창백한 얼굴로 몸을 바들바들 떨 뿐이었다. 이에 급사를 파견하여 부인의 형과 아비를 불러오게 하여, 세 사람을 앉혀 놓고 죄를 물었더니, 끝내 부인은 실토하고, 부인의 친아버

---

5 관리가 착용하는 의복.

지는 바로 칼을 뽑아 부인의 목을 찔러 죽여 버렸다. 이리하여 시신을 산사에서 가지고 와 다시 묘에 안장하고, 일가一家는 상을 치렀다.

일이 모두 정리된 날 밤, 다시 수재의 꿈에 그 사람이 나타나, 기쁜 듯이 감사하다는 말을 하였다.

"저는 당신 덕에 왕생할 수 있게 되었습니다. 이 큰 은혜 말로 다하기 어렵습니다. 며칠 안에 과거가 있을 것입니다. 그 과제는 제가 왕년에 산사에서 공부하였을 때, 가장 자신 있게 지었던 부賦[6]에 관한 문제입니다. 지금 당신에게 저의 옛 부를 구전할 테니 잊지 말고 마음속에 새겨 두었다가, 응시하는 날에 답안으로 하십시오."

그리고 금옥과 같은 명문을 막힘없이 명쾌하게 읽어 내려갔고, 다시 두 번 반복하여, 잘 기억하게 하고는 사라졌다. 과연 그 과거의 시제時題는 예언대로였으며, 수재의 부는 수석으로 선발되어, 이에 무예를 버리고 문관이 되어 훗날 크게 입신하였다고 한다.

---

6 한문문체의 하나. '부'는 본래 『시경』의 표현방법의 하나로서, 작자의 생각이나 눈앞의 경치 같은 것을 있는 그대로 드러내 보는 것.

저자 ▌ 다카하시 도루高橋亨(1878~1967) 조선문화연구가

메이지 11년 12월 3일 출생. 1903년부터 조선의 중학·고교에서 가르쳤고, 1926년 경성
제국대학의 교수가 되었다. 전후 후쿠로가 상대福岡商大 교수, 덴리대학天理大學 교수를
역임했다. 조선학회 부회장이 되어 『조선학보朝鮮学報』를 창간했다. 저서로 『조선유
학대관朝鮮儒学大観』, 『이조불교李朝仏教』 등이 있다.

역자 ▌ 이시준

한국외국어대학교 일본어과 및 동 대학원 석사 졸업. 도쿄대학교 대학원 총합문화연
구과 박사(일본설화문학). 현 숭실대학교 일어일문학과 교수. 숭실대학교 동아시아
언어문화연구소 소장.
대표업적: 『今昔物語集 本朝部の研究』(일본), 『식민지 시기 일본어 조선설화집 기초
　　　　적 연구 1, 2』, 『古代中世の資料と文學』(공저), 『漢文文化圏の説話世界』(공
　　　　저), 『東アジアの今昔物語集』(공저), 『説話から世界をどう解き明かすのか』(공
　　　　저), 『일본불교사』(역서), 『일본 설화문학의 세계』(역서) 등

역자 ▌ 김광식

한양대학교 대학원 일어일문학과 석사 졸업. 도쿄학예대학교 대학원 사회과교육
박사(학술). 현 숭실대학교 동아시아언어문화연구소 전임연구원.
대표업적: 『植民地期における日本語朝鮮説話集の研究－帝国日本の「学知」と朝鮮民
　　　　俗学』(일본), 『第二次大戦中および占領期の民族学・文化人類学』(공저),
　　　　『現代リスク社会にどう向きあうか』(공저), 「손진태의 비교설화론 고찰」(근대서
　　　　지5), 「植民地期朝鮮における説話の再話」(昔話伝説研究33), 「1920年代前
　　　　後における日韓比較説話学の展開」(比較民俗研究28) 등.

역자 ▌ 조은애

명지 대학교 일어일문학과 및 한국외국어대학교 석사 졸업. 릿쿄대학교 대학원 문학
연구과 박사(일본설화문학). 현 숭실대학교 교수.
대표업적: 『漢文化圈の説話世界』(공저), 『新羅殊異傳―散逸した朝鮮説話集―』(공
저), 「東アジアにおける『神仏習合』」(일본언어문화), 「韓日における「仏伝文
学」の展開: 釈迦と耶輸陀羅の物語を中心に」(일본문화연구), 「〈法華靈驗
記〉における燒身供養」(일본언어문화), 「미와 다마키(三輪 環)『전설의 조
선』의 수록설화에 대한 고찰」(외국학연구)

역자 ▌ 김영주

한국외국어대학교 일본어과 및 동 대학원 석사 졸업. 릿쿄대학교 대학원 문학연구과
박사(일본신화). 현 숭실대학교 및 한국외국어대학교 강사.
대표업적:『日本文学史』(공저),『東アジアの今昔物語集』(공저),『新羅殊異伝―散逸し
た朝鮮説話集―』(공저),『이야기의 철학』(역서), 「중세 일본신화 속 바다
의 위상」(비교일본학), 「中世のヒルコ伝承―『神道集』を中心に―」(일어일문
학연구), 「『武家繁昌』の神話言説―国譲り神話を中心に―」(立教大学日本文
学), 「絵巻『カミヨ物語』の成立をめぐって」(説話文学研究) 등.

숭실대학교 동아시아언어문화연구소
식민지시기 일본어 조선설화집 번역총서 **2**

완역 조선이야기집과 속담

초판발행	2016년 2월 28일
저 자	다카하시 도루
역 · 자	이시준·김광식·조은애·김영주
발 행 인	윤석현
발 행 처	도서출판 박문사
등록번호	제2009-11호
책임편집	김선은·최현아
우편주소	서울시 도봉구 우이천로 353 성주빌딩 3F
대표전화	(02)992-3253(대)
전 송	(02)991-1285
홈페이지	www.jncbms.co.kr
전자우편	bakmunsa@daum.net

ⓒ 이시준·김광식·조은애·김영주, 2016. Printed in Seoul KOREA.

ISBN 978-89-98468-94-1 04380   정가 14,000원
        978-89-98468-92-7 (set)

이 저서는 2012년 정부(교육부)의 재원으로 한국연구재단의 지원을 받아 수행된 연구임
(NRF-2012S1A5A2A03033968)